Gestão de Recursos Humanos

Tradicional e Estratégica

Seja Nosso Parceiro no Combate à Cópia Ilegal

A cópia ilegal é crime. Ao efetuá-la, o infrator estará cometendo um grave erro, que é inibir a produção de obras literárias, prejudicando profissionais que serão atingidos pelo crime praticado.

Junte-se a nós nesta corrente contra a pirataria. Diga não à cópia ilegal.

Seu Cadastro É Muito Importante para Nós

Ao preencher e remeter a ficha de cadastro constante em nosso site, você passará a receber informações sobre nossos lançamentos em sua área de preferência.

Conhecendo melhor nossos leitores e suas preferências, vamos produzir títulos que atendam suas necessidades.

Obrigado pela sua escolha.

Fale Conosco!

Eventuais problemas referentes ao conteúdo deste livro serão encaminhados ao(s) respectivo(s) autor(es) para esclarecimento, excetuando-se as dúvidas que dizem respeito a pacotes de softwares, as quais sugerimos que sejam encaminhadas aos distribuidores e revendedores desses produtos, que estão habilitados a prestar todos os esclarecimentos.

Os problemas só podem ser enviados por:

1. E-mail: producao@erica.com.br
2. Fax: (11) 2097.4060
3. Carta: Rua São Gil, 159 - Tatuapé - CEP 03401-030 - São Paulo - SP

Gilson José Fidelis
Márcia Regina Banov

Gestão de Recursos Humanos

Tradicional e Estratégica

2ª Edição

7ª Reimpressão

São Paulo
2012 - Editora Érica Ltda.

Conteúdo adaptado ao Novo Acordo Ortográfico da Língua Portuguesa, em execução desde 1º de janeiro de 2009.

"Algumas imagens utilizadas neste livro foram obtidas a partir do CorelDRAW 12, X3 e X4 e da Coleção do MasterClips/MasterPhotos© da IMSI, 100 Rowland Way, 3rd floor Novato, CA 94945, USA."

Dados Internacionais de Catalogação na Publicação (CIP)
(Câmara Brasileira do Livro, SP, Brasil)

Fidelis, Gilson José
Gestão de recursos humanos: tradicional e estratégica / Gilson José Fidelis, Márcia Regina Banov. -- 2. ed. -- São Paulo: Érica, 2007.

Bibliografia.
ISBN 978-85-365-0100-0

1. Administração de pessoal. 2. Entrevistas (Seleção de pessoal). 3. Pessoal - Recrutamento. 4. Pessoal - Seleção e colocação. I. Banov, Marcia Regina. II. Título.

07-5465 CDD-658.3

Índices para catálogo sistemático

1. Recursos humanos: Gestão: Administração de pessoal 658.3

Coordenação Editorial:	Rosana Arruda da Silva
Capa:	Maurício S. de França
Editoração e Finalização:	Érica Regina Pagano
	Rosana Ap. A. dos Santos
	Flávio Eugenio de Lima
	Vania Calderoni
	Marlene Teresa S. Alves
Avaliação Técnica:	Antonio Vico Mañas

Editora Érica Ltda.

Rua São Gil, 159 - Tatuapé

CEP: 03401-030 - São Paulo - SP

Fone: (11) 2295-3066 - Fax: (11) 2097-4060

www.editoraerica.com.br

Dedicatória

Aos meus queridos pais, Diomar e Lourdes, e ao meu irmão Orival, que me incentivam a aprender sempre;

A Amanda, Regiane, Ranieri e Talita pelo amor e paciência de filha, esposa e enteados.

Gilson José Fidelis

A todas as pessoas interessadas no bem-estar do próximo e, em especial, aos meus filhos Gabriel, Thiago, Beatriz e ao meu esposo Ruben.

Márcia Regina Banov

Bem-aventurado o homem que
acha a sabedoria, e o homem que
adquire conhecimento
Ecl. 3; 13

Agradecimentos

Ao pai supremo pela dádiva da vida e do conhecimento;

Aos meus pais, João e Balbina, pelo contínuo incentivo aos estudos;

Aos meus alunos, a fonte inspiradora deste livro;

Aos colegas que apoiaram este trabalho, em especial ao Dr. Edmir Kuazaqui e Dr. Roberto Kanaane;

Ao meu sócio Gilson José Fidelis que dividiu a responsabilidade na elaboração deste livro.

Márcia Regina Banov

Aos executivos que passaram pela minha vida profissional ao longo destes 25 anos de carreira na área de Recursos Humanos;

Aos doutores e mestres que me ensinaram o caminho certo da profissão, em particular ao Dr. Roberto Kanaane e Dr. Edmir Kuazaqui, que nos prestigiaram com os prefácios;

Aos meus alunos que são experiências vivas de aprendizado.

Devo uma singular palavra de gratidão à mestra Márcia Regina Banov pelo esforço conjunto na realização deste livro.

Gilson José Fidelis

Sumário

Prefácio

por ***Prof. Dr. Roberto Kanaane***

Doutor em Ciências pela Universidade de São Paulo
Sócio-Diretor da Roka Consultoria em Recursos Humanos
Gestor Acadêmico da Universidade de Mogi das Cruzes
Membro da Academia Paulista de Psicologia, ocupando a Cadeira nº 21
Autor de livros publicados pela Atlas e Nobel

O livro Gestão de Recursos Humanos: Tradicional e Estratégica apresenta, de maneira didática, temas de relevância, destacando aspectos atuais e contemporâneos.

Os autores sinalizam informações abrangentes quanto ao panorama da gestão de recursos humanos, tendo como foco o ingresso do profissional na organização, treinamento, desenvolvimento e plano de carreira, contemplando, inclusive, a avaliação de desempenho de maneira esclarecedora.

O livro traz à tona ideias e práticas associadas ao plano de cargos e salários, sistemas de remuneração, programas de medicina e segurança do trabalho. É inegável a valiosa contribuição que os professores **Gilson José Fidelis e Márcia Regina Banov** trouxeram ao abordar a temática da gestão de recursos humanos sob a perspectiva estratégica, além dos trabalhos existentes, enriquecendo os textos com tópicos de interesse prático e oportuno.

Parabenizo os autores pela valiosa proposta, considerando, inclusive, sua abrangência, o que só vem reforçar as suas experiências profissionais que, a meu ver, estão presentes de forma marcante em todo o livro.

Sobre os Autores

MÁRCIA REGINA BANOV

Graduada em Psicologia, especializada em Educação e Mestre em Psicologia (linha de Pesquisa em Psicodinâmica do Trabalho).

Professora universitária, ministra há 20 anos as disciplinas: Psicologia Organizacional, Administração de Recursos Humanos, Comportamento do Consumidor, Empreendedorismo e Análise e Mudanças Organizacionais, nos cursos de Administração, Informática, Turismo, Contabilidade, entre outros. Palestrante, autora de livro e artigos relacionados às referidas disciplinas.

Vinte anos de experiência em várias empresas, diversos setores e relacionamento com outras culturas.

GILSON JOSÉ FIDELIS

Graduado em Relações Públicas, MBA em Recursos Humanos e em e-Business - Tecnologia e Sistemas de Informação, extensão MBA na Califórnia State University - Hayward, com 25 anos de experiência profissional na área de Recursos Humanos.

Professor universitário da graduação dos cursos de Administração de Empresas, ministra as disciplinas: Administração de Recursos Humanos, Comunicação Empresarial, Marketing I, Marketing Pessoal e Empregabilidade e Publicidade e Propaganda.

Professor de pós-graduação do curso de Recursos Humanos, ministra a disciplina Gestão das Relações Capital x Trabalho e do curso de Gestão Estratégica da Qualidade, responsável pela disciplina: Qualidade Comportamental.

Mestre em Administração com ênfase em Gestão de Pessoas e Organização.

Sócio proprietário da INSIGHT Suporte Empresarial Ltda., consultoria focada nos assuntos de Recursos Humanos e cursos de atualização profissional.

Prefácio

por ***Dr. Edmir Kuazaqui***

Consultor Presidente da Academia de Talentos
E-mail: ekuazaqui@uol.com.br

A sociedade contemporânea e a realidade do mercado global têm trazido resultados positivos e negativos às organizações, dependendo do grau de desenvolvimento industrial do país enfocado, concorrência, competitividade e do nível de dependência econômica e tecnológica em relação aos outros países. Desta forma, os diferentes colaboradores e talentos humanos podem superar as barreiras e satisfazer as necessidades de crescimento e evolução da comunidade sob o ponto de vista social e empresarial.

Em Gestão de Recursos Humanos: Tradicional e Estratégica, os autores abordam de maneira contributiva o panorama e particularidades que envolvem a identificação, análise, manutenção e gestão de talentos humanos de uma empresa. As constatações, observações, análises e ensinamentos desenvolvidos nos capítulos traduzem a maturidade, perspicácia, profissionalismo, abrangência e seriedade com que os autores trataram os temas vinculados à gestão de recursos humanos, fruto de suas experiências acadêmicas, de magistério superior e profissional. Pode-se afirmar que a obra evidencia aspectos extremamente relevantes e atuais no âmbito da gestão estratégica, atendendo às carências, necessidades e expectativas dos diferentes públicos internos e externos, considerando suas particularidades e tendências atuais.

Os autores manifestam, com muita propriedade, as descobertas advindas do contexto empresarial, destacando o nível psicológico, a preocupação com a empregabilidade, a qualidade de vida, a tecnologia de informação aplicada à área e concluindo com a gestão estratégica de talentos humanos.

Desta forma, parabenizo Márcia Regina Banov e Gilson José Fidelis por mais esta contribuição de relevância acadêmica, profissional, econômica e social, que caracteriza todo o histórico de habilidades, qualidades e competências dos autores, recomendando a todos aqueles que desejam o sucesso em seus respectivos desafios.

Sobre o Material Disponível na Internet

O material disponível no site da Editora Érica contém o arquivo com as respostas dos exercícios do livro. Para utilizar o arquivo é preciso ter instalado em sua máquina o Adobe Reader versão 8 ou mais recente.

Respostas.exe 142KB

Procedimento para Download

Acesse o site da Editora Érica Ltda.: www.editoraerica.com.br. A transferência do arquivo disponível pode ser feita de duas formas:

- **Por meio do módulo pesquisa**. Localize o livro desejado, digitando palavras-chave (nome do livro ou do autor). Aparecem os dados do livro e o arquivo para download. Com um clique o arquivo executável é transferido.
- **Por meio do botão "Download"**. Na página principal do site, clique no item "Download". É exibido um campo no qual devem ser digitadas palavras-chave (nome do livro ou do autor). Aparecem o nome do livro e o arquivo para download. Com um clique o arquivo executável é transferido.

Procedimento para Descompactação

Primeiro passo: após ter transferido o arquivo, verifique o diretório em que se encontra e dê um duplo clique nele. Aparece uma tela do programa WINZIP SELF-EXTRACTOR que conduz ao processo de descompactação. Abaixo do Unzip To Folder há um campo que indica o destino do arquivo que será copiado para o disco rígido do seu computador.

C:\ Gestão de Recursos Humanos

Segundo passo: prossiga a instalação, clicando no botão Unzip, o qual se encarrega de descompactar o arquivo. Logo abaixo dessa tela aparece a barra de status que monitora o processo para que você acompanhe. Após o término, outra tela de informação surge, indicando que o arquivo foi descompactado com sucesso e está no diretório criado. Para sair dessa tela, clique no botão OK. Para finalizar o programa WINZIP SELF-EXTRACTOR, clique no botão Close.

Introdução

Em sua atividade liberal, um médico, um engenheiro ou qualquer outro profissional precisa de um assistente ou de uma secretária para colaborar na gestão de seu negócio. Um contabilista pode precisar contratar e administrar pessoas no seu escritório. Muitos profissionais estão abrindo seus próprios negócios, produzindo produtos ou serviços e administrando pessoas. Dentro deste contexto, este livro foi elaborado para os diversos profissionais liberais, empresários, consultores, estudantes de todas as áreas acadêmicas e para as pessoas que se interessam pelo assunto Recursos Humanos.

O livro oferece um panorama da Gestão de Recursos Humanos, aborda a Administração Tradicional e suas características pragmáticas; a Evolução da área de Recursos Humanos ao longo da história; a Administração Estratégica focando a melhoria do trabalho e a busca por resultados, através de práticas modernas de orientação das pessoas e das empresas; o Ambiente Organizacional como facilitador do planejamento de Recursos Humanos e o incentivo à criatividade das pessoas e o desenvolvimento de suas potencialidades.

Com uma linguagem simples e coloquial, apresenta as principais teorias que apoiam a Gestão de Recursos Humanos; os instrumentos básicos de estudo da cultura organizacional e esclarecimentos sobre os principais procedimentos utilizados em empresas que procuram estabelecer critérios profissionais em suas práticas de gestão administrativa.

Acompanha a trajetória das pessoas desde o ingresso na empresa, o cargo, a captação de profissionais por meio do recrutamento, a escolha e a recomendação desses profissionais que atendem ao perfil do cargo pelo processo de seleção, e os tipos de contratação mais utilizados nas empresas e suas características legais.

Trata da permanência das pessoas na empresa por meio da integração gerada pelo processo de socialização, do preparo estratégico das pessoas; da importância do treinamento como fonte de identificação de talentos e das condições para o seu desenvolvimento profissional, o seu progresso, estabelecido pelo plano de carreira que as empresas inteligentes elaboram para sustentar sua estratégia.

Destaca a avaliação de desempenho como instrumento estratégico dos gestores; a descrição e a avaliação de cargos como ferramenta do planejamento salarial; os sistemas de remuneração como processo fundamental para conseguir o comprometimento e a motivação das pessoas; a preocupação com a saúde e segurança, propiciando uma melhor produtividade e qualidade de vida; o estresse e suas causas, os sintomas: físico, psicológico e comportamental comentado de uma maneira profissional e as medidas tomadas pela empresa para evitar este mal.

Quanto ao desligamento da pessoa de seu trabalho, o livro ressalta a empregabilidade como tema moderno e esclarece pontos importantes no preparo dessa pessoa para enfrentar o mercado de trabalho. Temas que apoiam também a Gestão de Recursos Humanos como Departamento de Pessoal, Serviços Gerais e a utilização de *softwares* como ferramenta estratégica para garantir a eficiência e eficácia no tratamento das informações geradas na área de Recursos Humanos; Novas tecnologias a serviço da Administração e a importância dos indicadores de desempenho são também abordados no livro.

Trabalhando sempre com o foco no tradicional e o estratégico de cada tema, o livro permite ao leitor estruturar seus conhecimentos, oferecendo condições para desenvolver a capacidade de análise e reflexão crítica sobre a realidade empresarial e suas práticas administrativas, sem perder de vista as pessoas, fator crítico do sucesso do planejamento de Recursos Humanos.

Para finalizar, há um estudo de caso que foi desmembrado em sequências, conforme os temas abordados, ou seja, desenvolve-se ao longo do livro.

1

Panorama da Gestão de Recursos Humanos

Assuntos abordados neste capítulo:

- *Administração Tradicional de Recursos Humanos*
- *Administração Estratégica de Recursos Humanos*

A administração de Recursos Humanos é uma área focada às políticas e práticas empresariais para administrar as pessoas em seu ambiente de trabalho. Por ser multidisciplinar, ela congrega a Sociologia Organizacional, a Psicologia do Trabalho, a Legislação Trabalhista, Previdenciária e Tributária, a Medicina do Trabalho, Higiene, Saúde e Segurança do Trabalho, o Serviço Social etc.

A estrutura de Recursos Humanos varia conforme a organização de acordo com seu histórico e suas necessidades internas e externas. Para entendermos melhor a área de Recursos Humanos e sua contribuição para o planejamento estratégico organizacional, é necessário descrever seus subsistemas:

- **Cargos e Salários:** com o gestor é responsável pela descrição e avaliação dos cargos, bem como por pesquisas salariais, estruturas salariais, sistemas de remuneração, políticas salariais e planejamento de carreira.
- **Recrutamento e Seleção (RS):** busca informações sobre as vagas disponíveis na empresa e o perfil que o candidato deve ter para ser aprovado.
- **Departamento de Pessoal:** responsável pelo processo de admissão e demissão de empregados, além de registros e documentos legais, aplicação e manutenção das leis trabalhistas e previdenciárias, folha de pagamento, normas disciplinares e outros dispositivos legais.
- **Relações Trabalhistas e Sindicais:** interage nas negociações trabalhistas e sindicais, acordos e convenções coletivas de trabalho, paralisações e outros reflexos da relação capital x trabalho.
- **Treinamento e Desenvolvimento (TD):** responsável pelo planejamento de treinamento, desenvolvimento, capacitação profissional e avaliação de desempenho dos trabalhadores.
- **Higiene, Saúde e Segurança do Trabalho:** zela pela saúde e segurança do trabalhador em conjunto com os demais organismos internos (SESMT, CIPA etc.).
- **Serviço Social e Benefícios:** responsável pela assistência social aos trabalhadores e esclarecimentos sobre os benefícios existentes na empresa.
- **Serviços Gerais:** interage com a segurança patrimonial, brigada de incêndio, administração do restaurante ou refeitório da empresa, ambulatório médico, posto bancário, cantina, jardinagem, limpeza etc.

Segundo Chiavenato (2004), o termo RH ou Gestão de Pessoas pode se referir a:

- **Um departamento:** unidade operacional que presta serviços nas áreas de recrutamento, seleção, treinamento, remuneração, comunicação, higiene, segurança no trabalho, benefícios etc.
- **Uma prática:** refere-se ao modo como as empresas operam as atividades de descrever cargos, recrutar, selecionar, treinar, remunerar, motivar, avaliar, entre outras.

- **Uma profissão:** engloba os profissionais que trabalham diretamente com Recursos Humanos: selecionadores, treinadores, administradores de salários, engenheiros de segurança, médico do trabalho etc.

Pode-se dizer que, atualmente, o conhecimento da administração de Recursos Humanos é fundamental para qualquer profissional. A maioria das empresas transfere ao gestor a responsabilidade de contratação, a avaliação de desempenho, a promoção, a demissão de seus subordinados e tantos outros assuntos em conjunto com a área de Recursos Humanos. Alguns autores, como I. Chiavenato, por exemplo, dá a esta visão a terminologia "Gestão de Pessoas". Para outros autores, tal terminologia está mais voltada às questões de liderança e habilidades em relações interpessoais.

Administração Tradicional de Recursos Humanos

A administração de Recursos Humanos envolve sempre a relação entre capital e trabalho. Uma organização (com seu capital) contrata (e paga) profissionais para desenvolver atividades por ela estabelecidas.

Na administração tradicional o que imperou durante muitos anos foi o chamado emprego formal, aquele em que a pessoa tinha registro em carteira e obedecia com rigor à Consolidação das Leis do Trabalho (CLT), convenções e acordos coletivos estabelecidos pelos sindicatos, que são organizações formadas por trabalhadores ou patrões, reconhecidas por lei, que têm por finalidade promover e proteger interesses.

Só dois sindicatos atuavam (e atuam até hoje), sendo o patronal, que atende aos interesses dos patrões (empresas); e o dos trabalhadores, que atende aos seus interesses. O quadro que vemos hoje é a queda do emprego formal e o aumento do número de novas contratações como cooperados, terceiros etc., assuntos discutidos em capítulo específico. Embora muitos aspectos tenham mudado, até hoje é essencial conhecer, dentro dos ramos de atividades da organização, as leis que regem os profissionais.

Todos os setores de Recursos Humanos eram operacionais e estavam preocupados com a aplicação da legislação. Para melhor compreensão da Gestão de Pessoas, faz-se necessário um breve histórico de sua trajetória.

EVOLUÇÃO DA GESTÃO DE RECURSOS HUMANOS

Segundo Marras (2002, p.26)[1], podemos destacar cinco fases na evolução do perfil profissional de RH:

- **1ª fase:** antes de 1930, conhecida como fase contábil. Não havia legislação que disciplinasse o capital x trabalho. Período em que a base era industrial, porém nesta fase, segundo Gil (1994, p.22), 80% da população concentrava-se no campo. Em decorrência deste fato, o poder de pressão do proletariado era muito fraco e não havia legislação que disciplinasse as relações entre trabalho e capital. A função de Gestão de Pessoas era inexistente.

  Embora o poder do proletariado fosse fraco, a presença de trabalhadores europeus levava à agitação trabalhista. São Paulo e Rio de Janeiro contaram com 28 greves nas três primeiras décadas do século XX.

Durante todo este período, a preocupação estava no controle de frequência e faltas, pagamentos, admissão e demissão de pessoal.

[1] Marras baseou-se na pesquisa realizada em 1997 pela professora Maria de Gonzaga Lima e Silva Tose. A autora apresentou sua pesquisa na dissertação de mestrado intitulada "A evolução da gestão de Recursos Humanos no Brasil", FEA-PUC, 1997.

- **2ª fase:** de 1930 a 1950, conhecida como fase legal. Surge a preocupação com o aspecto legal. Getúlio Vargas assumiu o poder e criou o Ministério do Trabalho, Indústria e Comércio e o Departamento Nacional de Trabalho. Em 1943, surge a CLT e a reformulação da Carteira Profissional.[2]

  Com a formação de leis para disciplinar capital e trabalho e estrutura jurídica para mediar conflitos, as empresas são pressionadas para estruturarem a Gestão de Pessoas. Aparece a Seção de Pessoal e o Chefe de Pessoal. Segundo Marras (2002, p.29), "até os anos 50 o responsável pela área de pessoal era preferencialmente um advogado: em geral, um profissional metódico, seguidor ferrenho das leis e pouco afeito aos meandros do *business* ou dos detalhes psicossociais dos trabalhadores".

  É um período marcado pelo início da gestão burocrática e legalista de pessoas. Infelizmente, até hoje, para algumas empresas, Gestão de Pessoas significa atender às exigências da lei.

- **3ª fase:** de 1950 a 1965, conhecida como fase tecnicista. Com a entrada das multinacionais no País e, com muita força, as indústrias automobilísticas iniciam a implantação do modelo americano de Gestão de Pessoas. É criado o Departamento de Relações Industriais e aparece o Gerente de Relações Industriais (GRI), e embora a maioria das empresas aproveite o antigo chefe de pessoal, pode-se observar algumas modificações na qualidade das relações entre capital e trabalho. Segundo Marras (2002, p.26), "Foi nessa fase que a área de RH passou a operacionalizar serviços como os de treinamento, recrutamento e seleção, cargos e salários, higiene e segurança no trabalho, benefícios e outros".

---

2 A Carteira de Trabalho e Previdência Social (CTPS) foi instituída pelo Decreto nº. 22.035, de 29 de outubro de 1932, e posteriormente reformulada pelo Decreto-Lei nº. 5.452, de 1º de maio de 1943, que aprovou a Consolidação das Leis do Trabalho.

Marras salienta ainda que é nesta fase que surge verdadeiramente o administrador de pessoal, pois as organizações passaram a exigir para as funções de GRI pessoas com currículos mais amplos e com leve visão humanista.

- **4ª fase:** de 1965 a 1985, conhecida como fase administrativa. É um período em que as relações de trabalho são tensas. Embora seja o período da ditadura militar, há todo um movimento sindical denominado "novo sindicalismo". Aparece o Gerente de Recursos Humanos (GRH). Ao mesmo tempo em que se dá importância ao Administrador de Empresas para o cargo, há um retrocesso à fase legalista. Dados os movimentos sindicais, muitas empresas preferiram trocar profissionais de administração por profissionais de formação jurídica.

  Aceleram-se as mudanças tecnológicas alterando a forma de gerenciar pessoas. Tecnologia de produção exige habilidades específicas. Nos escritórios, muitas funções passam a ser desenvolvidas por máquinas, com maior eficiência e economia. O microcomputador começa a fazer parte da vida do executivo e aparecer nas fábricas.

  Surgem novas teorias e técnicas gerenciais: gestão participativa, planejamento estratégico, controle total de qualidade, entre outras, que vão refletir na maneira de gerenciar pessoas.

- **5ª fase:** de 1985 até nossos dias, conhecida como fase estratégica.

  Na década de 1990, com o governo Collor, os níveis de empregos e salários baixaram sensivelmente. Elevou-se o número de falências e concordatas. Para sobreviver à crise, as empresas utilizaram como estratégia enxugar seus organogramas, diminuir a quantidade de nível hierárquico e atribuir algumas de suas funções a terceiros.

> *"A fase estratégica foi demarcada operacionalmente, segundo Albuquerque (1988, apud MARRAS 2002), pela introdução dos primeiros programas de planejamento estratégico atrelados ao planejamento estratégico central das organizações. Foi, assim, nessa fase que se registraram as primeiras preocupações de longo prazo, por parte do board das empresas, com os seus trabalhadores. Iniciou-se nova alavancagem organizacional do cargo de GRH, que, de posição gerencial, de terceiro escalão, em nível ainda tático, passou a ser reconhecido como diretoria, em nível estratégico nas organizações." (MARRAS, 2002, p. 27)*

É no fim da década de 1990 que a ideia de Gestão de Pessoas, diferenciada por alguns autores da ideia da Administração de Recursos Humanos, começa a ter forma.

A ideia básica da Gestão de Pessoas é que a relação entre empresa/empregados repercute nos resultados obtidos pela empresa, portanto a relevância agora é o fator humano. A proposta é de uma administração menos rígida, organogramas mais flexíveis, escritórios sem divisórias, empregados estimulados a tomar decisões e avaliar os supervisores, a ênfase do diálogo entre empregador/empregado na resolução de conflitos, entre outras mudanças.

O papel do profissional de RH (e de muitos gestores) no fim da década de 1990 é de um consultor especializado dentro da empresa, possuidor de uma visão generalista, que atua em parceria, que lida com assuntos estratégicos relacionados com pessoas, que se preocupa em atualizar-se, que promove ações voltadas ao desenvolvimento de pessoal e à motivação de pessoal e que busca por resultados.

São poucas, ainda, as empresas que trabalham com a ideia de Gestão de Pessoas. Boa parte das empresas ainda mantém padrões autoritários no trato com seus empregados e muitas valorizam, por exemplo, finanças e *marketing* em detrimento dos Recursos Humanos. Porém, vale lembrar que são as pessoas que fazem a diferença nas empresas.

O início deste século foi marcado pelo rápido avanço tecnológico. Segundo BANOV (2011, p.8), com a chegada da Internet, uma nova fase começa a surgir focada nos relacionamentos não presenciais e na tecnologia, influenciando significativamente o comportamento humano e o gerenciamento de pessoas. É notória essa influência nas políticas e práticas de recursos humanos que hoje contam, por exemplo, com o avanço das entrevistas virtuais, a aplicação de testes pela Internet e o crescimento do teletrabalho.

Administração Estratégica de Recursos Humanos

Na Era Industrial, a preocupação das empresas e dos administradores era com a posição que cada trabalhador ocupava no organograma, valorizando suas limitações e focalizando o aperfeiçoamento individual por meio de processos cada vez mais mecânicos, em que a qualidade e a produtividade eram sinônimos de competência e habilidade, condições básicas para o desenvolvimento profissional.

O fato é que, em geral, as empresas desconheciam a existência dos pontos fortes desses trabalhadores, o que poderia compensar essas limitações individuais e as do grupo, pois o tradicional modelo hierárquico, autoritário e de comunicação descendente, dificultava a identificação dessas oportunidades, enfraquecendo o poder de decisão do grupo.

Sem autonomia e autoridade, as pessoas se desmotivavam a procurar caminhos que acompanhassem a evolução das mudanças provocadas pelo mercado competitivo, o que mostra ao mundo empresarial que as empresas modernas devem planejar e se organizar com base nas pessoas, para que elas se sintam comprometidas e motivadas a levar adiante o planejamento estratégico organizacional.

As empresas conscientes sabem que precisam deixar as práticas de comando exagerado, controles inócuos, hierarquias contraditórias e a burocracia para conquistarem posições de destaque entre o mundo corporativo e a confiança da força de trabalho, reconhecida através da comunicação contínua de suas expectativas, até o momento em que eles incorporem como próprios. Pela coerência da comunicação é que se fortalecerá a credibilidade da empresa perante as pessoas e o resultado é a velha fórmula da motivação.

A motivação das pessoas resiste a qualquer mudança, desde que a empresa incorpore esta filosofia de compartilhar seus valores e suas expectativas, visto que, somente com a união de forças empreendedoras da própria empresa, sua força de trabalho e dos clientes bem atendidos, é que a empresa encontrará as respostas às dúvidas do mundo globalizado. As empresas devem traduzir os seus grandes objetivos em ações claras e sistematizadas, pois as pessoas nunca saberão iniciar uma ação sem saber a importância do objetivo traçado.

A pluralidade de fatores e de sistemas gerenciais deve ter impacto sobre a pessoa e sobre a equipe; as condições físicas, os processos de trabalho, as habilidades, competências e comportamentos das pessoas somente não determinam o desempenho organizacional. A área de Recursos Humanos atua neste cenário como instrumento de avaliação do desempenho individual e grupal, analisando também o que as pessoas pensam, aprendem e como se relacionam, abordando a eficiência, as limitações, a proatividade, a desmotivação e o estado das pessoas no posto de trabalho. Ou seja, a área de Recursos Humanos, que congrega informações de âmbito pessoal, profissional e disciplinar de todos os funcionários, é um forte aliado dos gestores quanto ao gerenciamento interno da força de trabalho.

O objetivo da área de Recursos Humanos é avaliar o grupo de trabalho como ferramenta de sustentação dos objetivos organizacionais, e o indivíduo como parceiro importante dessa engrenagem do processo produtivo e social. O progresso do planejamento estratégico da área de Recursos Humanos depende da capacidade de as pessoas mostrarem iniciativa diante dos desafios encontrados, estarem conscientes de suas responsabilidades profissionais, desenvolvendo habilidades à realização de suas tarefas e procurando o otimismo na construção de uma empresa de futuro.

Tanto na abordagem tradicional da administração de pessoas quanto na abordagem moderna, o desempenho é a abordagem necessária como instrumento de decisão estratégica, porém entre reconhecer êxitos e falhas das pessoas e do processo produtivo, características da administração tradicional, é necessário criar indicadores de desempenho que comparem momentos diferentes de comportamentos e tarefas, o que parece ser uma abordagem com maior fundamento administrativo, que valoriza uma avaliação com dimensões maiores, possibilitando a construção de uma gestão das relações capital x trabalho e um melhor desempenho coletivo.

O Ambiente Organizacional

Quando as pessoas percebem que o seu trabalho é reconhecido, tornam-se mais produtivas e engajadas nos objetivos da empresa. O ambiente da empresa deve prover condições para que esse reconhecimento seja entendido como uma necessidade organizacional, criando um clima favorável para a formulação de estratégias internas orientadas para o cliente externo, fator crítico do sucesso numa época de grandes desafios pela conquista do consumidor.

Com a grande diversidade de produtos no mercado, o consumidor tornou-se mais exigente, formando então um novo ambiente, que vem exigindo das empresas uma nova postura estratégica, mais dinâmica, mais agressiva e com um alto senso de adaptação às novas demandas. O organograma repleto de cargos e níveis hierárquicos vem se modificando nos últimos anos; a distância entre os postos de trabalho e a direção das empresas vem diminuindo e as decisões não estão mais centralizadas, pois para sobreviver, é necessário flexibilidade, agilidade e dinamismo; a burocracia já não merece mais guarida nas empresas.

Da mesma forma, para mudar e inovar, é necessário que as pessoas também entendam que precisam acompanhar o processo, sejam dinâmicas e estejam adaptadas ao novo cenário empresarial. A empregabilidade já ocupa espaço nas mentes das pessoas, que devem buscar aperfeiçoar-se frequentemente, sob pena de não conseguirem manter suas posições nas empresas.

Não há dúvidas de que alcançar o sucesso dos negócios depende do ambiente proporcionado pela empresa à força de trabalho, pois quando o trabalhador é reconhecido, transforma-se num "sócio" interessado em que "sua" empresa alcance a rentabilidade desejada, influenciando positivamente na performance coletiva.

A área de Recursos Humanos se esforça para desenvolver políticas que reflitam no comportamento e na produtividade dos trabalhadores e que acompanhem a cultura da empresa, assumindo responsabilidades pela consecução dos negócios por meio de equipes promissoras, competitivas e inovadoras. Estimular o desenvolvimento de carreira torna a empresa viável e permite a retenção da força de trabalho a longo prazo.

A Criatividade e o Potencial Humano

A criatividade é um dos aspectos importantes que deve ser observado nas empresas. Essa manifestação é entendida como a vontade do ser humano em procurar algo que faça a diferença entre um padrão, ou seja, a produção de ideias que melhorem determinada situação - "o novo".

O crescimento e a evolução das empresas só serão possíveis neste contexto atual, no momento em que elas abrirem espaço para essa manifestação, concedendo oportunidade para que as pessoas participem do processo de trabalho, sugerindo melhorias e incentivando a iniciativa no ambiente de trabalho. Empresas inteligentes são aquelas que fomentam e exploram a liberdade de pensamento e de ação entre os seus trabalhadores.

A criatividade melhora o cotidiano das pessoas, trazendo um hábito saudável para o ambiente organizacional e, sendo transferido como melhoria contínua para a empresa, desenvolve as potencialidades das pessoas. A criatividade revitaliza e estimula a ousadia das pessoas, fato que é percebido pela equipe, que desencadeia para os clientes. Se a empresa não possuir pessoas que pensem, criem e agreguem valor ao seu trabalho, mais difícil será alcançar competitividade.

Numa época em que ser excelente é uma questão de sobrevivência dos negócios, é muito importante lembrar que, por trás das ideias novas que vêm surgindo no mundo empresarial, existem muito mais do que estratégias e potencialidades individuais. Análise das situações, estudo das possibilidades, escolhas de caminhos e a capacidade de implementação são fatores essenciais para o sucesso de soluções inovadoras. Existem empresas que possuem talentos para empreender, todavia muito trabalho pode ser melhorado e poupado no tempo certo se o acesso aos instrumentos e às metodologias adequadas ocorrer no momento oportuno.

As habilidades da área de Recursos Humanos em saber ouvir, saber captar dados e transformar em informações importantes, ser organizado, saber liderar e trabalhar em equipe e possuir *know-how* técnico em sua área de atuação fazem dela uma área de criação, desenvolvimento e gerenciamento de uma nova empresa, uma empresa com Gestão Estratégica de Recursos Humanos.

Estudo de Caso

Dois médicos com especialidades diferentes se juntam para formar uma sociedade. Como profissionais liberais, eles conduziam seus consultórios com o auxílio de secretárias que atendiam o público e administravam as outras atividades burocráticas.

Eles resolveram mudar-se para um único consultório bem maior, e a administração passou a ser compartilhada entre as secretárias. Essa mudança trouxe reflexos na relação entre elas, pois a forma de tratamento de um médico era totalmente diferente do outro.

Enquanto um era rígido, controlador e conferia tudo o que a secretária fazia, o outro era conciliador e administrava de forma participativa, ouvindo sua secretária em todos os aspectos de melhoria do consultório.

Apresente uma proposta objetivando a reorganização do trabalho nessa nova empresa, em que o fator crítico é a maneira de administrar.

Exercícios

1. Compare a evolução da legislação trabalhista, previdenciária e tributária brasileira com a evolução da gestão de recursos humanos.
2. A quinta fase da evolução da gestão de recursos humanos se concretizou? Por quê?
3. Qual é a relação entre ambiente organizacional e vantagem competitiva?
4. Em quais aspectos estratégicos a área de Recursos Humanos mais se envolveu a partir da década de 1990?
5. Quais são os componentes necessários para o desenvolvimento da criatividade no ambiente de trabalho?

Bibliografia

BANOV, M.R. **Psicologia no gerenciamento de pessoas**. 2ª ed. São Paulo: Atlas, 2011.

CHIAVENATO, I. **Gestão de pessoas:** *o novo papel dos recursos humanos nas organizações*. 2. ed. Rio de Janeiro: Elsevier, 2004.

DUTRA, J.S. **Gestão de pessoas:** *modelos, processos, tendências e perspectivas*. São Paulo: Atlas, 2002.

FIDELIS, G.J. **Rotinas trabalhistas e dinâmicas do departamento de pessoal**. São Paulo: Érica, 2006.

GIL, A.C. **Administração de recursos humanos:** *um enfoque profissional*. São Paulo: Atlas, 1994.

MARRAS, J.P. **Administração de recursos humanos:** *do operacional ao estratégico*. São Paulo: Futura, 2002.

Anotações

2

Conceitos e Teorias que Apoiam a Gestão de Recursos Humanos

Assuntos abordados neste capítulo:

- *Cultura Organizacional*
- *Estrutura Organizacional*
- *As Necessidades Humanas*
- *Satisfação e Insatisfação no Trabalho*
- *Justiça no Trabalho*

Para compreensão da Gestão de Recursos Humanos torna-se pertinente uma passagem pelos conceitos de cultura e estrutura organizacional e pelas teorias das necessidades humanas, da satisfação e insatisfação no trabalho e da justiça no trabalho.

Cultura Organizacional

A cultura de uma organização nasce através das crenças e valores de seus fundadores e, ao longo do tempo, de seus dirigentes. Ao interagir com o ambiente externo e utilizando-se daquilo que acreditam, os fundadores estabelecem por meio de normas e regras uma maneira de ser, que vai formando uma identidade reconhecível tanto interna como externamente.

A permanência das pessoas envolvidas no processo é vital para o surgimento de uma identidade. A empresa que muda com frequência seu quadro de pessoal não desenvolve uma cultura em que as pessoas se orientem e criem essa identidade.

Com seu conjunto de normas, regras, representações, valores, orientam-se os funcionários, mostra-se como cada integrante da organização deve se comportar, apontando uma maneira de ser e de fazer as coisas dentro da organização, pois define o envolvimento dos seus membros e cria um sistema de interações.

> *"A cultura desempenha diversas funções dentro de uma organização. Primeiro, ela tem o papel de definidora de fronteiras, ou seja, cria distinções entre uma organização e outra. Segundo, ela proporciona um senso de identidade aos membros da organização. Terceiro, facilita o comprometimento com algo maior do que os interesses individuais de cada um. Quarto, estimula a estabilidade do sistema social. A cultura é a argamassa social que ajuda a manter a organização coesa, fornecendo os padrões adequados para aquilo que os funcionários vão fazer ou dizer. Finalmente, a cultura serve como sinalizador de sentido e mecanismo de controle que orienta e dá forma às atitudes e comportamentos dos funcionários." (ROBBINS, 2002, p. 503)*

Os elementos da cultura organizacional, importantes para compreender os Recursos Humanos, são:

a) **Filosofia da empresa:** é a base de toda cultura organizacional. É ela que vai definir as normas, valores, representações e crenças da organização as quais irão controlar o comportamento das pessoas que trabalham com ela.

b) **Ambiente físico:** vai desde a fachada da empresa até a distribuição da mobília. O ambiente físico é usado para a identificação da empresa e distribuição de *status* (espaço ocupado pelas pessoas, objetos em seu espaço, tipo de mobília = símbolo de *status*. Quanto mais símbolos de *status* cercam a pessoa dentro da organização, mais poder ela possui). As empresas procuram padronizar seu *layout* para facilitar não apenas a identificação pelo cliente, mas também como forma de identificação para o seu próprio trabalhador. Além do ambiente físico, dois outros componentes de identificação facilitam o processo de socialização: o uniforme e o crachá.

c) A **cultura** determina como a organização é estruturada, quem se reporta a quem, qual é o grau de centralização ou descentralização, quais são os mecanismos usados para a integração, como se processam as informações e como são as redes de comunicações formais e informais. São informações preciosas sobre o comportamento da empresa. É de extrema importância quando queremos conhecer uma cultura organizacional, observar os comportamentos das pessoas e seus fluxos, pois funciona muito mais aquilo que não é dito, não é falado.

d) **Tecnonímia:** corresponde à técnica de nominação, isto é, a forma como são dados os nomes aos cargos. Compõe-se de termos tais como: "funcionário", "trabalhador", "peão", "colaborador", "operário", "supervisor", "chefe de divisão", "superintendente", "diretor", "assessor", "vice-presidente", "patrão", "dono", entre outros. As organizações escolhem seus termos e estabelecem conteúdos hierárquicos próprios de acordo com sua história passada. Assim, a palavra "gerente" nem sempre corresponde ao mesmo ponto da estrutura de relações de uma empresa para outra. A tecnonímia pode ser utilizada para denominar, melhorar a imagem do cargo e distribuir *status*. Faz parte dos símbolos da organização.

> *"A tecnonímia provoca mudanças na percepção, por exemplo: o termo "consultor" dá ao receptor (e à própria pessoa que o recebe) a impressão de um status mais elevado do que o termo "vendedor" (lembrando que muitas organizações apenas substituíram o termo "vendedor" por "consultor")." (BANOV, 2004, p.45)*

e) **A condução dos grupos:** a cultura determina o modo como as pessoas interagem no grupo. Determina também a interação entre grupos. Por exemplo: os grupos podem ser estimulados ou não a interagirem com outras pessoas, em outras funções ou de outras empresas.

f) Em Recursos Humanos, a cultura determina:

- O sistema de recompensas;
- Os critérios utilizados na promoção de pessoal: uma cultura organizacional pode valorizar a competência, a praticidade; outras, o currículo, ser velho, ser jovem, ser bajulador etc.;
- Os critérios usados na seleção de pessoal: quem estabelece os critérios de quem serve ou não para a organização é a própria cultura. Segnini (1992), ao descrever uma das maiores instituições financeiras do País, aponta que, durante o período de 1964 a 1985, essa instituição teve como critério de seleção ser o candidato oriundo de família de baixa renda, mas estruturada; não ter trabalhado em outra instituição financeira; ser jovem e, de preferência, ter uma crença religiosa ou ser proveniente de cidades do interior, perfil compatível com uma instituição autoritária. Trabalhadores de origem familiar de baixa renda tendem a temer a perda de emprego. As pessoas religiosas acreditam num ser superior, o que favorece o respeito às normas e hierarquias, e a ausência de experiência anterior naquela área pode revelar a intenção de disciplinar-se e prevenir conflitos.

Uma outra instituição financeira de grande porte tem critérios para seleção contrários a estes: dá preferência a pessoas de classe média para cima, que tragam experiências de outras instituições financeiras, sejam críticas e questionadoras. O mesmo processo de seleção que aprova uma pessoa numa organização pode reprová-la em outra;

- Os critérios usados na demissão de pessoal;
- Os critérios estabelecidos na avaliação de desempenho;
- O tempo de permanência das pessoas na organização. Algumas empresas preferem manter seus empregados por longo tempo, outras os trocam com espaços menores.

Estrutura Organizacional

Segundo Robbins (2002, p.401), uma estrutura organizacional define como as tarefas de uma empresa são formalmente divididas, agrupadas e coordenadas. As organizações possuem estruturas diferentes que afetam as atitudes e o comportamento de seus funcionários.

As estruturas podem ser:

- **Mecanicista:** estrutura rígida e firmemente controlada. É caracterizada pela alta especialização, extensa departamentalização, margens de controle estreitas, alta formalização, rede de informação limitada, pequena participação de membros do baixo escalão na tomada de decisões e comunicação do tipo descendente.

- **Orgânica:** oposta à mecanicista. Ela se utiliza de equipes para entremear departamentos funcionais e níveis hierárquicos, possui pouca formalização e tem uma rede abrangente de informações. A comunicação é lateral, ascendente e descendente. A tomada de decisões envolve todos os colaboradores.

Observa-se que os elementos que fazem uma estrutura diferenciar-se de outras são a especialização do trabalho, a departamentalização, a cadeia de comando, a amplitude de controle, a centralização, a descentralização e, por fim, a formalização. O arranjo desses elementos determinará o tipo de estrutura e, consequentemente, o trabalho da área de Recursos Humanos.

As Necessidades Humanas[3]

As necessidades humanas devem ser consideradas ao se desenvolver qualquer processo na área de Recursos Humanos. A tradicional Teoria de Abraham Maslow aponta cinco necessidades humanas, estabelecidas numa ordem de prioridade. Essa teoria mostra como as empresas podem ser mais competitivas e atrair a melhor mão de obra do mercado se sinalizar e amenizar a busca da satisfação das necessidades.

Maslow idealizou uma pirâmide que representa as necessidades em uma sequência, aponta uma caminhada em direção ao topo e ao mesmo tempo, mostra no tamanho da área de cada necessidade a importância e a dificuldade de se alcançar o ápice da pirâmide. Para ele a motivação estaria ligada à busca da satisfação das necessidades e acrescenta que só será motivadora uma necessidade que não foi satisfeita.

A Teoria de Maslow aponta que muitas das usuais práticas administrativas de premiar funcionários não trazem resultados porque estão relacionadas com necessidades já satisfeitas. As necessidades, segundo Maslow, vão aparecer na seguinte ordem, conforme o quadro seguinte:

---

3 BANOV, M.R. Ferramentas da Psicologia Organizacional. 2. ed. São Paulo: Cenaun, 2004.

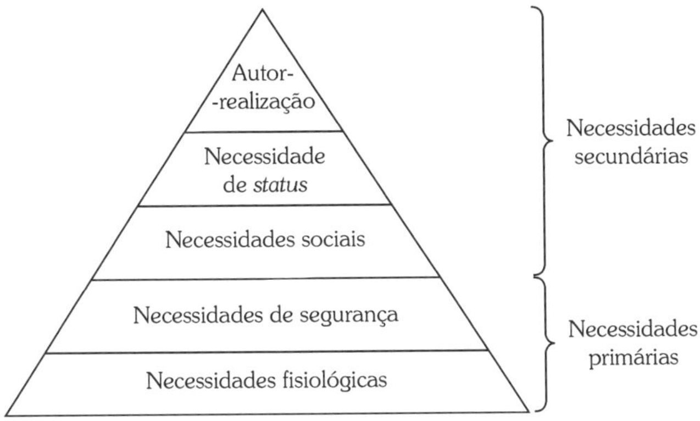

Necessidades Fisiológicas

Na base da pirâmide aparecem as necessidades fisiológicas como alimentação, sono, repouso, desejo sexual, exercícios físicos, enfim todas as necessidades que estão ligadas à sobrevivência do indivíduo. Embora seja o nível mais baixo de todas as necessidades, é de vital importância. São necessidades instintivas, que já nascem com o indivíduo.

É importante observar que numa sociedade industrializada, bem ou mal, essas necessidades estão satisfeitas, o que permite à pessoa preocupar-se com a necessidade posterior. Busca-se a satisfação de uma necessidade superior somente quando a necessidade anterior estiver total ou parcialmente suprida. Assim, somente quando as necessidades fisiológicas estiverem satisfeitas e controladas, é que se passa para a próxima necessidade que, na hierarquia de Maslow, é a de segurança, posterior a esta, a social e assim sucessivamente.

Necessidades de Segurança

São as necessidades de segurança física: as pessoas precisam de leis que protejam suas vidas, ter onde morar ou com o que se agasalhar; de segurança psíquica, que faz temer aquilo que não é familiar, a mudança, a instabilidade, a necessidade de ordem e limites; de segurança profissional, que advém da estabilidade ocupacional, das políticas administrativas previsíveis, clareza nos cargos e na divisão de tarefas.

Em geral, a necessidade de segurança comporta a busca de proteção contra a privação e a ameaça, seja ela real, seja imaginária.

Necessidades Sociais

São as necessidades de participação, associação, amizade, afeto e amor. É a necessidade de ser aceito e querido nos vários grupos em que se atua. As relações interpessoais entre amigos, colegas, chefe-subordinado incluem-se nessas necessidades.

Necessidades de *Status*

Não basta apenas ser querido e aceito pelos outros. Há a necessidade de ser reconhecido, valorizado, considerado, de ter aprovação social e prestígio. São as chamadas necessidades do ego que estão ligadas também à independência e à autonomia. Quando satisfeitas, levam à autoconfiança. A sua frustração gera sentimentos de inferioridade.

Autorrealização

Encontram-se no topo da pirâmide e é a mais elevada de todas as necessidades. Envolvem a realização de todo o potencial de uma pessoa e a leva a se autodesenvolver.

É a procura do autoconhecimento, do autodesenvolvimento, agora não mais ligados às necessidades primárias, às sociais e de *status*, mas sim ao crescimento do homem como tal. É a necessidade que mostra se há ou não prazer pelo trabalho.

Maslow aponta que, quando qualquer uma das necessidades não estiver satisfeita ou parcialmente satisfeita, ela dominará a direção do comportamento. Por outro lado, toda vez que uma necessidade é satisfeita, automaticamente seu lugar será tomado por outra necessidade. A necessidade satisfeita não é mais fonte motivadora para comportamentos.

As necessidades são satisfeitas por curto espaço de tempo. Se uma pessoa acaba de comer, daqui a algumas horas, voltará a sentir fome. Embora se satisfaça por curto espaço de tempo, quando há condições garantidas de alimento, essa necessidade estará controlada.

De maneira consciente ou inconsciente, com a grande competitividade entre as empresas, observa-se que elas começaram a trabalhar no sentido de amenizar a caminhada para a busca da satisfação das necessidades para atrair a melhor mão de obra do mercado. Tanto as empresas como o governo passaram a criar uma série de benefícios e diferenciais, acompanhando a escalada de Maslow.

Quanto às necessidades fisiológicas: cesta básica, vale-refeição, assistência médica, descanso semanal remunerado, férias. Na segurança: aposentadoria, seguro, seguro-desemprego, creche, políticas administrativas claras, cargos bem definidos. Social: cafezinho da manhã e da tarde, *happy hour*, grêmios, confraternizações, reuniões. *Status*: participação nos lucros, plano de carreira, reembolso de cursos. Autorrealização: a possibilidade de fazer o que se gosta e ter autonomia para realizar o que se deseja, espaço para a expansão da criatividade.

Para Maslow a pirâmide deve ser vista na totalidade e de maneira dinâmica, e não pode ser analisada em partes isoladas. As necessidades são interdependentes e, às vezes, é difícil distinguir o objetivo a ser alcançado. A parada para um café, por exemplo, pode estar voltada para o desejo de interromper um trabalho ou conversar com um amigo e não uma necessidade fisiológica.

Há um jogo muito interessante das empresas dentro da proposta desta teoria em que, para preencher a necessidade de *status*, podemos incrementar a fisiológica quando poucas pessoas almoçam em restaurantes caros e outras na própria empresa, como o famoso "bandejão". Ou os planos de saúde serem diferenciados, de acordo com o cargo que a pessoa ocupa.

A Teoria de Maslow faz rever muitos programas motivacionais, pois mostra que as pessoas perseguem objetivos diferentes num determinado momento. Por exemplo: um professor não pode esperar que todos os seus alunos tenham interesse por sua disciplina ou o administrador esperar que o tão caro programa motivacional venha atingir a todos os seus funcionários. A pirâmide de Maslow ajuda a observar que tipo de objetivo cada um está perseguindo num dado momento.

Segundo alguns estudiosos, a Teoria de Maslow deve ser reconsiderada no que tange à hierarquia das necessidades, pois as diferenças de necessidades secundárias variam de pessoa para pessoa e de acordo com a cultura. Justificam que essa teoria é norte-americana, nascida numa sociedade individualista, o que direciona a autorrealização para o topo. Em sociedades coletivistas, as pessoas teriam preferência à necessidade de suas realizações em grupo.

> *"Os gerentes japoneses, entretanto, parecem ter uma hierarquia que dá mais valor às necessidades sociais e de segurança, porque estão mais insatisfeitas, do que à de autorrealização. Os gerentes do norte da Europa aparentemente têm uma hierarquia que troca as posições dadas por Maslow às necessidades de segurança e afeto. Estas e outras variações deixam implícito que a hierarquia de Maslow é antes um reflexo da cultura onde surgiu do que um guia para se entender a motivação em outras culturas." (HAMPTON, 1990, p. 164)*

Independentemente dessa ressalva, Maslow mostra-se importante não só ao descrever as necessidades, mas, principalmente, em apontar que só será motivadora uma necessidade que não foi satisfeita.

Satisfação e Insatisfação no Trabalho

Outro fator importante na política e prática de Recursos Humanos refere-se à satisfação ou à insatisfação no trabalho e a tradicional Teoria de Frederick Herzberg aponta esta importância.

Herzberg, ao estudar o contexto da empresa, estava empenhado em pesquisar quais fatores envolviam a satisfação e as condições realmente satisfatórias para a pessoa que trabalha. Descobriu que a satisfação e a insatisfação não se apresentam em polos opostos, mas representam duas escalas diferentes. Sua teoria ficou conhecida como a teoria dos dois fatores, pois trabalhou com dois conjuntos de necessidades: uma instintiva, que visa evitar o desconforto; e outra, que leva o indivíduo a crescer como ser humano. Criou, assim, os fatores higiênicos e os fatores motivacionais respectivamente.

Fatores Higiênicos

O termo "higiênico" remete à ideia de prevenção ou profilaxia. Na medicina, os fatores higiênicos não curam doenças, mas as previnem. Para Herzberg o mesmo ocorre na administração.

Higiênicos são fatores externos que estão sob controle da empresa e do ambiente de trabalho. A presença desses fatores não traz satisfação, mas a sua ausência gera insatisfação.

Para Herzberg os fatores higiênicos, quando comparados às ideias de Maslow, encontram-se nos três primeiros degraus da pirâmide. São aqueles ligados aos benefícios que atendem às necessidades fisiológicas, incluindo a limpeza do ambiente. São higiênicos também: as políticas administrativas, a justiça nos salários e pagamentos de pessoal, a segurança pessoal, emocional e profissional que a empresa oferece, assim como os conflitos decorrentes das relações humanas, a natureza da supervisão direta, o clima entre as pessoas e as condições gerais de trabalho.

Os fatores higiênicos, de certa maneira, previnem o baixo desempenho. Assim, a melhora das condições de supervisão, da qualidade das relações humanas, da política da empresa, das condições físicas, dos salários e das práticas administrativas apenas evita que ocorra a insatisfação.

Um exemplo de fator higiênico é o salário: não motiva, mas a sua ausência ou um salário injusto leva à insatisfação.

Fatores Motivacionais

Segundo Herzberg, os fatores motivacionais são internos, estão sob controle do indivíduo, pois estão relacionados com aquilo que ele faz, com a natureza de suas tarefas. Envolvem a realização, o reconhecimento, o crescimento profissional, a responsabilidade, o progresso e o trabalho em si. Um plano de carreira bem elaborado pode ser um fator motivacional para um empregado.

Os fatores motivacionais, quando estão ausentes, são neutros, e não geram insatisfação, mas quando presentes, garantem a satisfação. São os fatores do próprio trabalho que funcionam como motivacionais e não das condições externas.

Herzberg enfatiza que o contrário da satisfação não pode ser chamado insatisfação e, sim, nenhuma satisfação. Da mesma forma, o contrário de insatisfação não pode ser visto como satisfação, mas sim, como uma situação na qual não ocorre nenhuma insatisfação, pois são escalas diferentes.

Todo administrador deve ter sob controle os fatores higiênicos para evitar a insatisfação e estimular os fatores motivacionais por meio do enriquecimento do cargo e das tarefas, criando constantes desafios para os seus funcionários.

A maioria das pessoas permanece nas empresas em função do ambiente de trabalho, portanto controladas pelos fatores higiênicos. Não gostam do que fazem, mas "o pessoal é legal e a empresa oferece bons benefícios".

As empresas criam ambientes físicos bonitos, limpos, ou criam uma série de programas ditos motivacionais que visam melhorar as relações humanas dentro delas. Na verdade, estão trabalhando com os fatores higiênicos e, ao mesmo tempo, estão desviando a ação dos fatores realmente motivacionais.

Um bom programa de qualidade de vida deve voltar-se aos fatores higiênicos, pois quando controlados, evitam a insatisfação. Ao mesmo tempo, o enriquecimento do cargo e a criação de desafios, que garantam a satisfação dentro das organizações, seriam de fato o início de um programa motivacional. É importante ressaltar que tanto os programas de qualidade de vida como os programas motivacionais necessitam de coleta de dados da empresa em que serão aplicados. As empresas são diferentes e possuem necessidades também diferenciadas. Programas padronizados deixam a desejar.

Justiça no Trabalho

A tradicional Teoria da Equidade, criada por Aristóteles e divulgada no âmbito organizacional por J. S. Adams, aponta a importância da percepção da justiça no trabalho para o empregado. Essa teoria baseia-se na comparação que as pessoas fazem de si mesmas em relação a outras pessoas.

Nas empresas, o que é comparado entre as pessoas é o que cada um contribui com a empresa (trabalho, qualificação, talento) e o retorno recebido (salário, benefícios, incentivos, *status*).

Quando ocorre justiça percebida pelo empregado na comparação com outras pessoas entre contribuição e retorno, a motivação acontece. Quando este percebe a injustiça, a insatisfação aparece e comanda o comportamento.

> "*Quando os funcionários acreditam que estão recebendo resultados equivalentes a seus inputs, geralmente ficam satisfeitos. Quando acreditam que estão sendo tratados equitativamente, estão mais dispostos a trabalhar duro. De outro modo, quando acreditam que estão dando mais do que estão recebendo da organização, um estado de tensão e insatisfação se instala.*" *(DUBRIN, 2003, p. 125)*

A Teoria da Equidade deve ser levada em consideração na elaboração de programas de remuneração, recompensas e relações interpessoais. Numa época em que a responsabilidade social tem tomado peso no mundo corporativo, a justiça é a primeira a ser observada.

Estudo de Caso

A empresa está em plena ascensão e precisa se modernizar para acompanhar a evolução das mudanças mercadológicas. Com isso, há necessidade de contratar mais funcionários. A decisão sobre a contratação envolve aspectos da cultura de ambos os médicos, o que pode causar pontos de conflito.

De modo geral, exige-se das empresas rapidez nas decisões para se adaptarem às mudanças, principalmente nos conhecimentos, habilidades e atitudes que reflitam o sucesso do negócio. Os valores e crenças fazem parte da cultura da empresa, e nesse momento é preciso definir a estrutura hierárquica, com objetivo comum e que concilie as expectativas de ambos.

Exercícios

1. Dentre os aspectos de estrutura organizacional (Robbins, 2002), mecanicista e orgânica, qual modelo mais se adapta às responsabilidades da área de Recursos Humanos? Justifique.

   Explore o tema por meio do filme "O Diabo Veste Prada".

   a) Assista ao filme "O Diabo Veste Prada".

   b) Responda às questões seguintes.

2. Qual era a estrutura organizacional de Runway? Descreva as características dessa cultura.
3. Como era o ambiente físico? De que maneira os colaboradores da Runway eram controlados por ele?
4. Descreva uma passagem do filme, apontando como a cultura da Runway interferia na vida pessoal dos seus colaboradores.
5. Construa a Pirâmide de Maslow, apontando como as necessidades estão organizadas para a personagem Andrea.
6. Segundo a teoria da equidade, de J.S. Adams, como a injustiça era percebida pela personagem Andrea?

Bibliografia

BANOV, M.R. **Ferramentas da psicologia organizacional**. 2. ed. São Paulo: Cenaun, 2004.

BANOV, M.R. **Psicologia no gerenciamento de pessoas**. São Paulo: Atlas, 2008.

BERGAMINI, C.W. **Psicologia aplicada à administração de empresas**. 3. ed. São Paulo: Atlas, 1992.

CHIAVENATO, I. **Introdução à teoria geral da administração**. 3. ed. São Paulo: McGraw-Hill, 1983.

CORADI, C.D. **O comportamento humano em administração de empresas**. São Paulo: Pioneira, 1986.

DUBRIN, A.J. **Fundamentos do comportamento organizacional**. São Paulo: Pioneira Thomson Learning, 2003.

HAMPTON, D.R. **Administração, comportamento organizacional**. São Paulo: Makron Books, 1990.

ROBBINS, S. **Comportamento organizacional**. São Paulo: Prentice-Hall, 2002.

SEGNINI, L.R.P. Sobre a identidade do poder nas relações de trabalho. In: FLEURY, M.T.L.; FISCHER, R.M. **Cultura e poder nas organizações**. São Paulo: Atlas, 1989.

SPECTOR, P.E. **Psicologia nas organizações**. São Paulo: Saraiva, 2002.

3

O Ingresso na Organização

Assuntos abordados neste capítulo:

- *Desenho de Cargos*
- *Recrutamento e Seleção*
- *Contratação*

O mundo empresarial passa por transformações e necessidades constantes quanto às práticas administrativas, provocadas pelo acirramento da concorrência, política econômica e o êxodo do capital intelectual, fatores que intervêm para a manutenção de uma força de trabalho satisfeita e comprometida no seu posto de trabalho.

A partir daí, destaca-se a importância das pessoas e do desenvolvimento do seu potencial, nesse contexto de mudanças para o fortalecimento das organizações. Faz-se necessário fugir da mesmice, da rotina de contratação e soltar as amarras do tradicionalismo para alcançar uma prática mais participativa, respeitando as diversidades das pessoas e dando oportunidade para que elas desempenhem o seu papel na empresa.

O crescimento e a evolução das empresas só serão possíveis no momento em que se abrir espaço para a comunicação objetiva, respeitar as ansiedades das pessoas e explicar o que se espera da força de trabalho: conscientização dos pontos fortes da empresa, suas limitações e procurar, com a administração participativa, transformar essas limitações em oportunidades de negócio.

As empresas têm os seus objetivos apoiados em estratégias, nas quais se destaca a motivação como variável subjetiva que pode provocar o sucesso ou o fracasso do seu negócio, porém, quando o indivíduo ingressa na empresa e ela respeita seus interesses pessoais e profissionais, consegue que a estratégia seja bem defendida e apoiada.

A área de Recursos Humanos provoca este diferencial, com políticas de integração e disseminação de informações que suprem as primeiras necessidades do indivíduo quando este chega à empresa.

Desenho de Cargos

Quando as empresas são criadas, necessitam definir quais recursos físicos e humanos serão necessários para desenvolver seus produtos ou serviços.

- **Recursos físicos:** local onde serão originados os produtos ou serviços; máquinas e insumos que transformarão a matéria-prima em produto acabado.
- **Recursos humanos:** indivíduos qualificados e não qualificados que formarão a força de trabalho.

O planejamento inicial da estrutura hierárquica é fundamental para definir o fluxograma[4] das atividades que serão exercidas na empresa. Num sistema tradicional, tudo está fundamentado no cargo que determinada pessoa exercerá na hierarquia, pois primeiramente se definem os requisitos do cargo e depois os requisitos do ocupante do cargo.

O cargo é definido como *incumbência, responsabilidade* exercida por um indivíduo numa empresa e planejada dentro de critérios e limites do cargo, na estrutura de autoridade e poder. A nomenclatura[5] do cargo é muito importante para se saber o alcance de suas responsabilidades e também contribuir para o desenvolvimento de carreira de quem o ocupa.

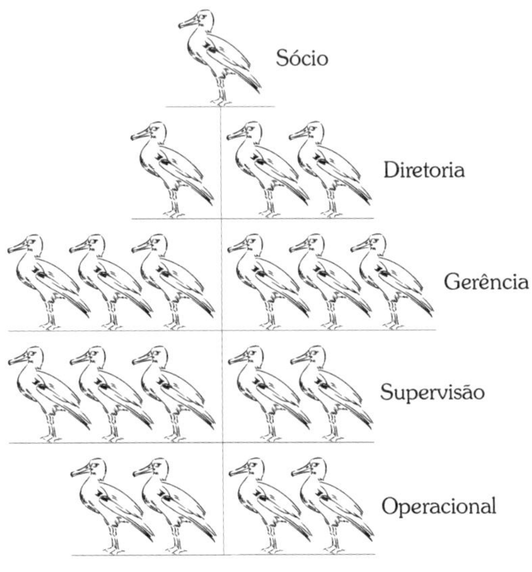

4 Representação gráfica das atividades, como elas se inter-relacionam.

5 Nome dado ao cargo.

A formalização do cargo através de uma descrição e análise também é fator de grande importância no início do planejamento da empresa. Uma descrição e análise de cargo definem:

- **Objetivo:** como o cargo contribui no processo empresarial e produtivo.
- **Atribuições:** os poderes que o cargo requer para atingir os objetivos.
- **Responsabilidades:** os caminhos que o cargo deve percorrer no processo empresarial e produtivo.
- **Requisitos:** os conhecimentos, habilidades e experiências necessários para exercer o cargo.

Além desses aspectos, encontramos empresas que não se importam com essas premissas, e quando iniciam suas operações, percebem bem depois o quanto deixaram de ganhar com um planejamento de cargos. Alguns processos produtivos e estratégicos perdem em eficiência por não se preocuparem com a adequação entre suas necessidades hierárquicas e os ocupantes do cargo.

A empresa deve conhecer as técnicas e metodologias aplicadas pela concorrência, analisar a natureza dos trabalhos que deverá executar, o sistema de remuneração praticado no mercado, leis, políticas, sindicatos e as convenções coletivas da categoria profissional para organizar uma estrutura que valorize o cargo sem prejuízo ao funcionamento do sistema hierárquico como um todo.

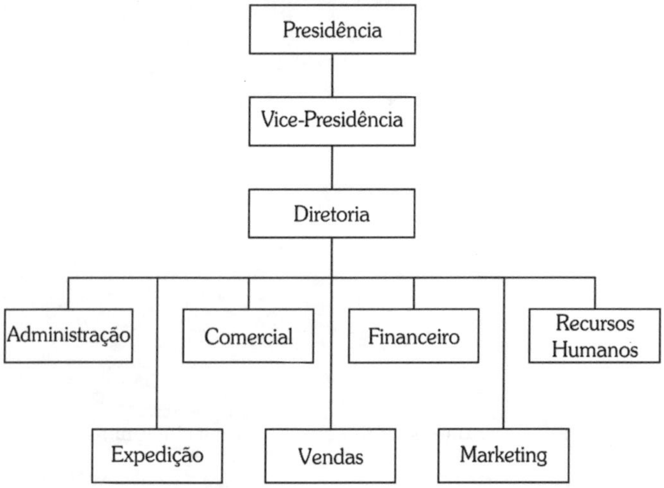

O desenho de cargos e suas premissas são condições básicas para um eficiente recrutamento e seleção de candidatos, pois os candidatos procuram se estabelecer nos cargos que representam possibilidades de carreira. Empresas que se preocupam com estes critérios, quando definem os cargos, conseguem formar uma estrutura forte e se bem administradas, produzem efeitos motivadores em sua força de trabalho, pois os indivíduos perceberão que a empresa é responsável, justa e preocupada com sua vida e a dos demais parceiros do negócio.

Fatores motivacionais que estão ligados aos cargos e suas características:

- Comunicação eficiente entre os cargos da hierarquia;
- Processo de trabalho bem definido;
- Clareza na definição da subordinação;
- *Status;*
- Reconhecimento da importância do cargo e participação nas decisões estratégicas;
- Nomenclatura que seja reconhecida no mercado de trabalho.

O processo estratégico de definição de cargo deve levar em consideração o equilíbrio entre o planejamento da empresa, que vai desde a identificação, levantamento, descrição, análise e definição da nomenclatura do cargo, com seus objetivos a curto, médio e longo prazos até contemplar as diferentes condições dos futuros ocupantes do cargo.

Modelo de Ficha de Desenho de Cargos

Descrição e Análise de Cargos

Título do Cargo: ______________________ **Código**: ________

Objetivo do Cargo: ______________________

____

Atribuições: ______________________

____

Responsabilidades: ______________________

____

Métodos e Processos de trabalho: ______________________

____

Requisitos

Escolaridade: ______________________

Conhecimentos (*básicos/especiais*) ______________________

Idiomas (*especificar se: básico/intermediário ou fluente*) ______________________

Experiência requerida

No cargo (*anos/meses*) ______________________

Anterior (*anos/meses*) ______________________

Informações adicionais

Especificar as necessidades do ocupante do cargo. Exemplo: idade, possuir automóvel, ter disponibilidade de horário, trabalhar nos fins de semana/noite, não fumante, religião, estado civil, personalidade etc.

____

____

Recrutamento e Seleção

O recrutamento e a seleção de candidatos buscam compatibilizar a necessidade de mão de obra qualificada para uma empresa, com a oferta do mercado de trabalho e de Recursos Humanos.

Recrutamento

Inicia-se o recrutamento quando a necessidade de Recursos Humanos é identificada (um ou vários setores apresentam disponibilidade de cargos necessários para a contratação ou substituição) surgindo, assim, a vaga.

Uma vaga pode surgir por:

- **Expansão da empresa:** aumento do quadro de funcionários, abertura de filiais ou criação de outros setores.
- **Substituição:** devido à demissão, morte, aposentadoria, transferência, promoção ou licença de funcionários.

Recrutamento é o processo ou o meio mais eficiente para comunicar, divulgar ou tornar pública a vaga existente em uma empresa, objetivando captar os candidatos cujo perfil seja o mais adequado ao posto de trabalho.

O recrutamento é importante porque não trata apenas de divulgação de vagas, mas de atrair pessoas qualificadas dentro das necessidades da organização. Uma divulgação mal planejada, em vez de atrair candidatos potenciais às vagas, pode surtir efeitos contrários, como a captação de candidatos fora do perfil desejado, acarretando a má utilização do tempo disponível para análise dos perfis.

O recrutamento é um processo que varia conforme a empresa, porém, quando bem planejado, traz resultados significativos.

Em geral, o processo é feito em quatro fases:

- **1ª Fase:** coleta de dados: do perfil do cargo, da urgência da vaga, dos recursos disponíveis etc.
- **2ª Fase:** planejamento: que cargo? quando recrutar? quem deve recrutar? onde recrutar? e como divulgar a vaga?
- **3ª Fase:** execução do recrutamento: divulgação da vaga, captação de currículos profissionais dos candidatos, conforme a estratégia da empresa.
- **4ª Fase:** avaliação dos resultados: quantos candidatos responderam ao recrutamento? Em quanto tempo? Comparação do perfil dos candidatos com o perfil da vaga e os custos envolvidos.

O recrutamento pode ser interno ou externo.

Recrutamento Interno

É a divulgação da vaga dentro da própria empresa para as pessoas que já trabalham nela. É uma oportunidade para promoção e transferência de pessoal.

O recrutamento interno tem como vantagens: o processo ser rápido e econômico; indicar que a relação empresa-empregado não é negativa, pois a empresa oferece chances e valoriza seus empregados; o candidato já é conhecido e adaptado à cultura da empresa. A empresa pode aproveitar para promover antigos funcionários, utilizando-se desse tipo de recrutamento.

A comunicação das vagas pode ser feita pelo jornal interno, intranet ou e-mails para os empregados, quadro de avisos e arquivos mantidos pela empresa. Quando o número de vagas é pequeno, utiliza-se com mais frequência o arquivo (consultam-se o histórico e o desempenho do candidato até o momento, dentro da empresa).

Recrutamento Externo

Quando não é possível obter candidatos às vagas dentro da organização, recorre-se ao recrutamento externo.

Recrutamento externo é o processo de captação de pessoas fora da empresa, levando em consideração o mercado de Recursos Humanos[6] e o mercado de trabalho[7].

A quantidade e a qualidade dos resultados do recrutamento dependem de como ele foi feito e da relação entre esses mercados. Quanto maior for o número de candidatos em relação à vaga disponível, maior é a possibilidade

---

6 *"O mercado de recursos humanos, ou mercado de candidatos, se refere ao contingente de pessoas que estão dispostas a trabalhar ou que estão trabalhando, mas dispostas a buscar um outro emprego. O MRH é constituído de pessoas que oferecem habilidades, conhecimentos e destrezas."* (CHIAVENATO, 2004, p .108)

7 *"O mercado de trabalho (MT) é composto pelas ofertas de oportunidades de trabalho oferecidas pelas diversas organizações. Toda organização - na medida em que oferece oportunidades de trabalho - constitui parte integrante de um MT."* (CHIAVENATO, 2004, p .102)

de contratar pessoas mais qualificadas. A relação que se estabelece é dependente do contexto social, político e econômico do País.

O recrutamento externo tem como vantagens: trazer pessoas com novos talentos e habilidades, renovar o quadro de pessoal e aproveitar pessoas que foram desenvolvidas e treinadas em outras empresas. Porém, tem como desvantagens: ser caro (requer gastos com anúncios, honorários de agências, consultorias e outros, despesas com seleção, equipe de recrutamento, material de escritório, formulários etc.), menos seguro e cria frustrações nos atuais funcionários da organização.

Os meios utilizados para divulgação externa das vagas dependem do cargo, do tempo, do *status* e das condições econômicas da empresa. São eles:

a) Mídia impressa (anúncios nos classificados de emprego dos jornais, revistas etc.)

Os jornais diferem quanto ao tipo de clientela e destinam seus classificados de acordo com o nível de ocupação dessa clientela. O conteúdo da divulgação obedecerá ao perfil do cargo que se adequará à linguagem a ser utilizada.

Os classificados de imprensa - jornais, revistas etc. - são alguns dos meios de recrutamento mais utilizados pelas organizações para atrair candidatos ao preenchimento das vagas. Anúncios, em qualquer um desses meios, geralmente, custam caro, principalmente nos veículos de circulação nacional e presentes em todas as camadas de leitores. Por essa razão, há necessidade de uma cuidadosa programação, desde sua concepção até a escolha do veículo adequado para divulgação. (SILVA, 2002, p.38)

b) Agências de emprego ou assessoria em Recursos Humanos

- São utilizadas por empresas de pequeno e médio portes.
- Vantagens: atendimento rápido e não trabalham com exclusividade, ou seja, a empresa pode contratar várias agências ao mesmo tempo.

- Desvantagens: em geral, fornecem candidatos em quantidade, não acompanham o profissional na empresa e não fornecem serviços de psicologia, como entrevista psicológica, testes, entre outros.
- Em geral, oferecem serviços de recrutamento de profissionais no nível operacional até o nível intermediário da pirâmide organizacional. O cliente é a empresa. É ela que arca com as despesas.

c) Placas colocadas na entrada da empresa

Normalmente, as placas são usadas para atrair profissionais de baixo prestígio social. Em época de recessão, tem-se a desvantagem de provocar filas imensas na porta da empresa. Em época de expansão, quando o número de vagas é maior do que o número de candidatos, pode ser um excelente meio para atrair candidatos. São de baixo custo e atraem pessoas que moram nas imediações da empresa.

d) Faculdades, universidades ou cursos técnicos

Cartazes, quando colocados em faculdades, universidades ou cursos técnicos, são direcionados aos alunos estagiários ou a áreas de atuação específicas. São de baixo custo.

e) Consultorias em Recrutamento e Seleção (R&S)

São intermediárias entre o profissional e as empresas que necessitam desta mão de obra. Em geral, recrutam, fazem a seleção de pessoal e usam outros serviços de psicologia. Trabalham especificamente com cargos que vão do nível médio ao nível médio alto da pirâmide organizacional. Têm excelente metodologia de trabalho no levantamento de dados da cultura organizacional e do cargo. Possuem custo elevado, porém o trabalho é bem direcionado. Trabalham com contrato de exclusividade.

f) Consultorias de *Outplacement*

Trabalham com a recolocação de profissionais que serão desligados ou estão em processo de desligamento. Algumas empresas contratam esse tipo de consultoria para ajudá-las no processo de desligamento e preparar os que serão desligados para serem recolocados. Os honorários são pagos pela empresa que está demitindo. O custo para a empresa que quer contratar o profissional, na maioria das vezes, é zero.

g) Consultorias de *Replacement*

São contratadas por profissionais para recolocá-los no mercado de trabalho.

h) Consultorias especializadas num determinado ramo de atividade

Buscam profissionais especificamente para aquele ramo de atividades. Por exemplo: consultorias especializadas em informática, que buscam apenas profissionais de informática.

i) *Headhunter*

Em geral, são profissionais autônomos especializados em cargos do topo da pirâmide organizacional (presidentes, vice-presidentes e diretores). Os custos são elevados.

> *"O **headhunter** destaca-se do consultor de R&S pelos contatos pessoais que possui e pelo seu perfil cultural e carreira profissional. É alguém com presença constante em eventos culturais, esportivos ou em encontros internacionais utilizados como ponto de encontro pelos altos executivos. Seu trânsito entre os presidentes de grandes organizações é tão garantido quanto seus almoços semanais com esses mesmos executivos." (MARRAS, 2002, p.76)*

> *"Prestam serviços de alto nível e atuam, principalmente, no recrutamento de executivos. Este tipo de trabalho é contratado pelas organizações que buscam profissionais escassos no mercado; quando não podem divulgar a existência da vaga; quando os prováveis candidatos trabalham para as empresas concorrentes, ficando difícil a abordagem direta desses profissionais; ou quando a empresa fica situada em local diferente do lugar onde trabalham os possíveis candidatos." (SILVA, 2002, p.48)*

j) Internet

Algumas empresas e consultorias colocam anúncios na Internet com o perfil desejado para várias áreas ou solicitam que o currículo seja enviado também por Internet. Há ainda banco de currículos para várias áreas. O candidato oferece seu currículo e o banco coloca-o à disposição das empresas com as quais trabalha.

Existem ainda os *softwares* de recrutamento e seleção. Algumas empresas utilizam-se do *software* tanto para a seleção interna como externa. São programas em que se pode colocar o perfil procurado e, ao mesmo tempo, lançar os dados importantes que os currículos trazem. Os dados do perfil são cruzados com os dados dos currículos e aqueles que estiverem mais próximos do perfil serão chamados para o processo de seleção.

A maioria das empresas que faz uso desses programas pede para que os candidatos preencham seus dados nos seus *sites*, não aceitando o envio tradicional de currículo. Como a escolha dos candidatos que serão chamados é feita pelo computador e não por uma pessoa, a escolha das palavras-chave que permeiam o cargo é fundamental tanto para o candidato como para a empresa.

k) *Networking*

São redes de relacionamentos entre profissionais de uma determinada área. Funcionam como indicações pessoais. Um profissional sabe de uma vaga em aberto e indica alguém que conhece. São indicações positivas, pois não se trata apenas de colocar alguém, mas de apresentar um profissional cujas qualificações são conhecidas. Geralmente, esse profissional passa pelo processo de seleção, mesmo sendo indicado por alguém.

l) Contato com sindicatos e associações de classe

Algumas entidades trabalham para auxiliar a colocação ou recolocação de profissionais. Em geral, o custo é zero para a empresa que busca pelo profissional.

m) Portas abertas

Algumas empresas convidam estudantes do último ano ou conseguem contato com grupos específicos de profissionais e os convidam para conhecer suas instalações. Oferecem um café da manhã ou almoço. Ao terminar a visita, perguntam se gostaram da empresa e se gostariam de preencher uma ficha ou enviar um currículo.

Quando se trata de vagas de médio e alto prestígio social, a maioria das empresas solicita, em seu recrutamento, que os candidatos enviem os seus currículos, e para as vagas de baixo prestígio social, o comparecimento e o preenchimento de Ficha de Solicitação de Emprego.

Após a divulgação das vagas, com a chegada dos currículos ou fichas, inicia-se o processo preliminar de escolha dos candidatos que serão encaminhados à seleção de pessoal.

Seleção

Seleção é o processo de escolha entre os indivíduos que responderam ao recrutamento, daqueles que têm maior possibilidade de desempenho satisfatório numa determinada função. Fornece a possibilidade de se ter uma previsão de desempenho.

Na seleção de pessoal, procura-se levantar a qualificação do candidato (ou competências), o que ele realmente domina, qual é o seu diferencial.

No processo, serão consideradas as diferenças individuais, o cargo e a cultura organizacional, que combinadas, tentam ajustar indivíduo-empresa.

Etapas do Processo de Seleção

Análise de Currículos

Currículo é um documento elaborado pelo candidato que contém informações importantes sobre a sua carreira: dados pessoais, objetivo profissional, qualificações profissionais (realizações, conhecimentos, habilidades e atitudes), formação acadêmica e experiências profissionais, dados essenciais que referenciam o candidato.

Por meio do conhecimento dos requisitos pertinentes ao cargo (descrição e análise de cargo), pode-se verificar, nos currículos ou nas fichas de solicitação de emprego, os candidatos que mais se aproximam da vaga, pois esses documentos fornecem dados que possibilitam o levantamento de algumas hipóteses quanto às habilidades, aos interesses e aos traços gerais dos candidatos. Então, algumas pessoas são escolhidas para participarem das demais etapas do processo de seleção.

Entrevista

A entrevista de seleção do candidato envolve um encontro marcado entre um entrevistador e o candidato, em que o primeiro confronta as informações do currículo e as informações prestadas pelo candidato.

Com os dados dos currículos temos elementos para a montagem da entrevista. Em geral, verificam-se a veracidade das informações fornecidas, a qualificação e o comportamento do candidato.

A entrevista, quanto a sua metodologia, pode ser:

- Não estruturada ou livre, em que o entrevistador faz poucas perguntas planejadas e vai formulando as questões à medida que a entrevista se desenvolve. O entrevistador não se prende a um planejamento prévio.
- Estruturada ou dirigida: o entrevistador segue um roteiro, previamente preparado, com questões básicas sobre o cargo e o candidato.

A entrevista pode ocorrer pessoalmente, por telefone ou pela Internet.

A entrevista de seleção tem por finalidade:

- Verificar a qualidade, tempo de resposta e a reação do candidato em relação às perguntas esperadas e inesperadas.
- Averiguar conhecimentos.
- Esclarecer dados que não estejam claros no currículo.

- Aprofundar as informações dadas no currículo.
- Dar a oportunidade de o candidato expor suas qualificações e expectativas.
- Informar ao candidato sobre a cultura da empresa, o cargo, salário, benefícios, horários etc.

A quantidade de entrevistas vai depender do cargo, do tempo, da necessidade, da quantidade e da qualificação dos candidatos. Embora a entrevista seja criticada por ser uma técnica influenciada pela subjetividade, ainda é a mais utilizada. Para a maioria das empresas de pequeno porte, a entrevista é a única forma de análise do candidato, cabendo aos seus resultados, o processo decisório.

É comum na entrevista:

- Entrevistado falar sobre o que ele acha que é;
- Falar sobre o que ele gostaria de ser, como se ele assim o fosse;
- Falar o que ele percebe que o entrevistador quer ouvir;
- Falar sobre si mesmo baseado no perfil da mídia.

Um entrevistador bem treinado é menos subjetivo e mais observador nas colocações do candidato.

As empresas que utilizam outras etapas do processo de seleção têm mais condições de averiguar a veracidade do que foi dito na entrevista.

Os atuais artigos de revistas, que se voltam para este assunto, apontam alguns detalhes que são observados nos candidatos durante as entrevistas que são feitas nas grandes empresas. São eles:

- A pontualidade do candidato (seja no horário marcado para o comparecimento pessoalmente, ou por telefone ou pela Internet);
- Trajes de acordo com a cultura organizacional;
- Ética, em relação às empresas e chefes anteriores;
- Qualidade das respostas;
- Termos utilizados (são descabidas as gírias e expressões chulas);

- Cultura geral, conhecimentos sobre a organização e o mercado;
- O interesse do candidato pelo cargo e pela empresa.

Para que se faça uma escolha adequada, devem ser utilizadas todas as etapas do processo de seleção para averiguar o que vai se mantendo da pessoa em todas as etapas do processo. Fazer uso só da entrevista ou de uma única etapa do processo de seleção não garante uma escolha adequada.

Aplicação de Testes

Os testes são instrumentos escolhidos ou elaborados de acordo com as exigências do cargo. Podem ser:

a) Testes de conhecimentos gerais

São instrumentos para avaliar o nível de conhecimentos gerais do candidato exigidos pelo cargo. Os mais comuns são feitos por meio de perguntas e respostas que podem ser orais ou escritas.

b) Testes de conhecimentos específicos

Versam sobre o conhecimento que o candidato tem sobre a área em que atua e o cargo que está pleiteando. Assim como os de conhecimentos gerais, os mais comuns são questionários que podem ser respondidos oralmente ou por escrito.

c) Testes práticos

Procuram medir o grau de capacidade ou habilidade para certas tarefas específicas, exigidas pelo cargo. Por exemplo, se uma indústria de perfumaria precisa contratar um químico, a prova versará sobre o que ele conhece de combinações químicas para perfume e pode ser solicitado que ele faça uma combinação que resulte num determinado aroma; para um digitador, a prova prática será digitar um texto; para um enfermeiro, que atenda a um paciente e verifique como estão os pontos vitais.

d) Testes psicológicos

Em geral, aplicam-se testes psicológicos para coletar dados indiretos do candidato, ou quando há empates entre alguns candidatos, mas nunca como instrumentos únicos de seleção.

Os resultados serão analisados em conjunto com os demais resultados das outras etapas do processo de seleção. Os testes podem ser de inteligência (averiguação de memória, habilidade numérica, habilidade verbal etc.), de interesses (envolvem o que a pessoa gosta de fazer), de personalidade (características individuais) e de integridade[8] (testes escritos que procuram medir a integridade, confiabilidade e responsabilidade do candidato).

Os chamados "testes psicológicos" só são válidos quando usados como um dos elementos para levantar hipóteses sobre um determinado indivíduo. Jamais os resultados de um teste, por si só, devem diagnosticar alguém. Para diagnosticar, outros elementos devem estar presentes, tais como: entrevistas, observação do comportamento do indivíduo, acompanhamento etc.

Dinâmicas de Grupo

A dinâmica de grupo chegou ao Brasil nos anos de 1970, com as empresas multinacionais, mas só passou a ser frequente no começo da década de 1980.

Na seleção de candidatos, a dinâmica de grupo consiste em técnicas que reúnem mais ou menos dez candidatos desconhecidos, concorrendo a uma mesma vaga. O objetivo da técnica é observar como o candidato se relaciona em grupo, e suas características pessoais, como exemplo: indecisão, iniciativa, argumentação ou como lida com pressão, conflitos ou como resolve e soluciona problemas.

São propostas, histórias do cotidiano, análise de filmes, artigos diversos ou discussão de temas relacionados com a carreira profissional para que o

---

8 À medida que cresce a preocupação com a ética nas organizações, cresce a utilização de testes de integridade na seleção de pessoal.

grupo chegue a uma conclusão conjunta. O que importa, neste trabalho, é o desempenho de cada indivíduo dentro do grupo.

Normalmente há uma primeira etapa, chamada de "aquecimento", em que as pessoas se apresentam e o orientador fala sobre a empresa. Após o aquecimento, começa a segunda fase. Uma tarefa é proposta. Pode ser uma prova situacional, em que problemas comuns ao cargo em disputa devam ser solucionados em conjunto. Se o grupo é formado por profissionais de *marketing*, a tarefa pode ser a criação de uma campanha publicitária. Se forem secretárias, viabilizar uma viagem urgente do patrão ou, ainda, podem ocorrer simulações de situações do cotidiano, aparentemente nada relacionadas com o cargo, mas em que os papéis empresariais estejam embutidos em cada personagem. É analisado o desempenho de cada um. Não há como disfarçar ou treinar atitudes e posturas, pois as dinâmicas são elaboradas de acordo com as características de cada empresa.

Durante a discussão, verifica-se, por exemplo, se a pessoa é capaz de mudar seu ponto de vista ou se fica inflexível só por sentir-se ameaçada.

O requisitante do cargo, geralmente, o gerente do departamento solicitante, pode participar da dinâmica de grupo e analisar os participantes *in loco*. Neste caso, o requisitante do cargo deve participar de todos os estágios da dinâmica, desde sua elaboração até a análise dos resultados. Ele terá maiores condições de apontar o candidato que corresponde às suas expectativas, combinadas com a cultura organizacional.

Deve-se observar que nem sempre quem leva vantagem é o vencedor da dinâmica. Passa por essa etapa o candidato que conviver melhor em grupo, de acordo com a cultura da empresa requisitante.

A melhor alternativa para o candidato é interagir de forma espontânea, pois os selecionadores frequentemente percebem quando os candidatos tentam mostrar excesso de dinamismo. Não se observa apenas se o participante lidera o grupo, mas de que forma o faz.

A dinâmica de grupo, em suas técnicas, e principalmente no sentido de estruturação do grupo, torna-se importante numa época em que o trabalho em equipe tem sido privilegiado.

Exame Médico

Quando o exame médico faz parte do processo de seleção, é sempre eliminatório porque trata-se de exame específico, ligado à função. Por exemplo: os candidatos a operadores de *telemarketing* fazem exames específicos com um otorrinolaringologista, pois se apresentarem acuidade auditiva inferior ao limite estabelecido pela ocupação, não poderão exercê-la.

Alguns cargos podem exigir coleta de dados diferenciada. Por exemplo: para a contratação de um gerente financeiro, há necessidade de se averiguar a idoneidade do candidato, o que será viabilizado por meio de uma consulta ao Serviço de Proteção ao Crédito ou outros órgãos afins.

Com o resultado de todas essas etapas é possível prever o comportamento e desempenho de um determinado indivíduo numa determinada função. Pode-se verificar se a previsão foi satisfatória, acompanhando seu desempenho.

Cabe observar que quem faz a seleção é a empresa, mas o candidato também deve escolher a empresa. O contrato é uma espécie de casamento, depende da vontade dos dois.

Seleção por Competências

Adotada por várias empresas, a base da seleção por competências está na definição das competências organizacionais traçadas pela organização.

As competências organizacionais são definidas como o conjunto da história da empresa, missão, visão, valores, princípios, políticas de qualidade, sua cultura, seus valores, tecnologia, gestão e conhecimento de pessoal, estrutura, método, sistema gerencial etc. As competências organizacionais farão com que os objetivos organizacionais sejam atingidos. (BANOV, 2010, p. 31).

Por meio das competências organizacionais, a empresa define as competências que buscará em seus candidatos no processo seletivo.

Recrutamento e Seleção Estratégicos

O grande diferencial das empresas decorre das decisões estratégicas sobre a força de trabalho. As empresas levam em consideração a grande mobilidade do mercado de trabalho e constatam que os empregados flutuam entre as diversas áreas de atividades (indústria, serviços, liberal, autônomo etc.) e com isso, cada vez mais a divulgação de vagas deve considerar essa "dança" do mercado.

O desemprego é um dos grandes causadores deste pânico do mercado, visto no subemprego e na captação mal planejada de candidatos superdimensionados, em muitos casos determinada pela violenta mudança no comportamento empresarial, na competição acelerada ou pela falta de profissionalismo no processo de recrutamento e seleção de candidatos.

Do ponto de vista estratégico, a empresa viável é aquela que recruta e seleciona candidatos, focando:

- o negócio;
- uma descrição de cargo que identifique as reais necessidades do posto de trabalho (atividades) em relação aos objetivos da organização;
- uma análise que reflita as responsabilidades profissionais do cargo;
- a utilização adequada dos recursos disponíveis pela empresa para a divulgação da vaga;
- profissionais qualificados para analisar as situações, estudar as possibilidades, escolher os melhores caminhos e implementar o recrutamento e seleção;
- buscar os melhores resultados (candidatos) no menor espaço de tempo e com critérios sólidos;
- o requisitante como fator crítico do sucesso, treinando-o para ser um parceiro no recrutamento e seleção, e não apenas como mero espectador. O requisitante deve saber solicitar a vaga, entrevistar e selecionar em conjunto com a área de Recursos Humanos, de maneira que o processo não crie gargalos por falta ou excessos de informações;
- o candidato como talento potencial.

As empresas precisam adotar novas posturas quando o recrutamento e a seleção forem necessários. Deve-se considerar que o trabalho é realizado num ambiente de autoridade, poder e influências, onde o gestor detém as informações que podem ajudar ou não o processo de captação de candidatos aos postos de trabalho.

O gestor não deve criar nem perpetuar burocracias que prejudiquem o recrutamento e a seleção, deixar de utilizar soluções sociais que sirvam para curar os fatores "urgentes" e deixar de lado os "importantes", causando demora e aumento das despesas com a captação de candidatos. Uma adequada compreensão do processo e das variáveis a ele ligadas é condição primordial para o sucesso dos objetivos setoriais e da própria organização.

Um número expressivo de empresas está reconhecendo a importância do planejamento no recrutamento e seleção, como ferramenta para a obtenção de diferencial perante as demais empresas concorrentes.

Importante salientar o movimento que acontece dentro das empresas: promoções, transferências, responsabilidades modificadas, criação de postos de trabalho, novas nomenclaturas de cargo. Tudo isso, se bem administrado pela área de Recursos Humanos, de forma a estar atento e identificar as melhores possibilidades de alocação de mão de obra, pode surtir benefícios futuros para a empresa; caso contrário, pode ser muito difícil e de custo muito elevado, superar os problemas advindos de decisões equivocadas.

A empresa que adotar o planejamento estratégico no recrutamento e seleção de candidatos terá como pressuposto a valorização da integração de esforços entre o requisitante da vaga e o setor prestador de serviços do Recursos Humanos. Essa abrangência estimula e proporciona condições que facilitam o alcance de suas expectativas e necessidades de curto, médio e longo prazos.

Contratação

O processo de contratação é aquele em que o candidato é escolhido entre os entrevistados, avaliados, e conforme o perfil do cargo, é o potencial ocupante do cargo. Isso requer responsabilidade solidária entre a área de Recursos Humanos e o requisitante da vaga.

Muitas empresas esperam que a área de Recursos Humanos defina os ocupantes do cargo por meio de critérios que não condizem com o que realmente a empresa necessita. O requisitante é o mais importante nesse processo, pois enquanto Recursos Humanos opina e recomenda as melhores alternativas, o requisitante é quem deve formar os seus conceitos a respeito dos candidatos escolhidos e decidir a melhor opção, com foco no seu negócio, ou seja, na contribuição do seu departamento para o planejamento estratégico da empresa.

O processo decisório de uma contratação é fator crítico do sucesso do processo de recrutamento e seleção, pois leva em consideração:

- A necessidade da empresa quanto à expansão de seus negócios, substituição de posto de trabalho, criação ou alteração de cargos/departamentos.
- O custo quanto à divulgação da vaga e captação de candidatos.
- O tempo para a seleção, aplicação de testes e entrevistas com os candidatos selecionados e respectivos custos.
- O custo relacionado ao tempo que é necessário para a efetivação do processo de alocação de mão de obra.
- A socialização do candidato na empresa.

Cabe à área de Recursos Humanos treinar o requisitante para ocupar o papel de administrador e contribuir com a empresa no alcance das metas, deixar de lado a burocracia da administração de pessoal e fomentar o desenvolvimento de novas práticas que garantam o futuro do negócio da empresa.

O ideal é o olhar atento do Recursos Humanos e a experiência e capaciade do requisitante, pois quanto mais próximos estiverem, menos incertezas haverá na tomada de decisão quanto à contratação de um candidato.

Além da contratação propriamente dita de funcionários, que na forma tradicional requer registro em carteira e elaboração do contrato de trabalho e demais documentos, conforme a Consolidação das Leis do Trabalho, existem outros tipos de contratações como: terceirização, cooperados, temporários, portadores de deficiência, autônomos, aprendizes e estagiários.

TERCEIRIZAÇÃO

A terceirização é uma estratégia empresarial que consiste em repassar atividades que não estejam ligadas diretamente ao produto, ou seja, atividades "meio", para empresas especializadas no assunto, que possam oferecer soluções com maior qualidade e produtividade com um menor custo.

Uma tendência é que algumas empresas especializadas em terceirização surjam dissidentes das próprias empresas contratantes, alocando a mão de obra que conhece o produto e que esteja disponível para esta finalidade.

Com a visão de parceria as empresas de terceirização visam acompanhar a qualidade, produtividade e competitividade, pois as empresas contratantes procuram aquelas que possam suprir melhor as suas necessidades.

Aspectos positivos na contratação da terceirização:

- otimização dos serviços;
- melhoria na administração do tempo na empresa;
- menor custo operacional fixo;
- da avaliação do desempenho individual para o do processo;
- aumento da especialização do processo.

Aspectos negativos na contratação da terceirização:

- risco na administração da empresa e dos serviços;
- mudança da estrutura de poder e autoridade dos serviços;
- responsabilidade quanto aos aspectos legais da terceirização;
- compartilhar conhecimentos com os terceiros.

No Brasil, a terceirização ainda é considerada um contrato de risco, pois a legislação que conceitua a relação entre empregado e empregador limita a relação com a terceirização. Por outro lado, a relação entre atividade "fim" ou principal e "meio" ou secundária permite inúmeras interpretações, causando uma briga jurídica sempre que o assunto é transferir responsabilidades quanto às atividades de um trabalhador.

Por conta da estratégia empresarial da necessidade de controle das suas atividades fins (TST enunciado 33), somente podem ser terceirizadas as atividades denominadas "meio" como:

- Limpeza;
- Segurança;
- Manutenção;
- Alimentação;
- Propaganda e publicidade e outros serviços.

Áreas administrativas também são foco da terceirização, não ligadas à atividade principal da empresa, como:

- Departamento de Pessoal;
- Contabilidade;
- *Telemarketing;*
- Portaria e outras.

Conceito de Empregador

Considera-se empregador a empresa individual ou coletiva que, assumindo os riscos da atividade econômica, admite, assalaria e dirige a prestação pessoal de serviços (CLT art. 2º).

Conceito de Empregado

Considera-se empregado toda pessoa física que prestar serviços de natureza não-eventual a empregador, sob a dependência deste mediante salário (CLT art. 3º).

Conforme estas definições, para se caracterizar a relação empregatícia, é necessário ser pessoa física, não haver eventualidade na prestação de serviço, ter subordinação por uma hierarquia definida, ser recompensado pelo trabalho por meio de uma remuneração e prestar o serviço pessoalmente.

Antes de pensar em terceirizar, é necessário que as empresas façam um planejamento estratégico que defina os pontos cruciais do processo de terceirização, pois não é somente com a redução de custo operacional que a empresa ganhará com o processo, mas com o aumento da qualidade e da produtividade, índices suficientes para justificar a diminuição do custo da empresa.

COOPERADOS

A contratação desta modalidade de serviço se dá por meio de uma constituição jurídica chamada cooperativa, que nasce com membros associados autônomos e permanece desta forma até o final. As atribuições são divididas, respeitando-se a igualdade e os membros associados são remunerados também igualmente, atendendo à legislação. É normalmente atribuída a função de direção a um dos componentes, mas sem a titulação de "patrão". Na prestação desse tipo de serviço, não deve haver continuidade nem subordinação na empresa contratante; caso contrário, descaracteriza-se o trabalho cooperado.

> *Art. 442 - Contrato individual de trabalho é o acordo tácito ou expresso, correspondente à relação de emprego.*
>
> *Parágrafo único - Qualquer que seja o ramo de atividade da sociedade cooperativa, não existe vínculo empregatício entre ela e seus associados, nem entre estes e os tomadores de serviços daquela. (red. Lei 8.949/94, D.O.U., 09/12/94)*
>
> *Constituídas entre operários de uma determinada profissão...de uma mesma classe...com a finalidade primordial de melhorar os salários e as condições de trabalho pessoal de seus associados e, dispensando a intervenção de um patrão ou empresário, se propõem a contratar e executar obras, tarefas..., coletivamente por todos ou por grupos de alguns. (Decreto 22.239/32, revogado)*
>
> *Celebram contrato de sociedade cooperativa as pessoas que reciprocamente se obrigam a contribuir com bens ou serviços para o exercício de uma atividade econômica, de proveito comum, sem objetivo de lucro. (Lei 5.764/71 art. 3º)*

As cooperativas são comuns entre serviços da educação (professores), saúde (médicos) e outros serviços, que de alguma forma, atendem às exigências legais e não infrinjam os preceitos da relação capital e trabalho.

Temporários

O trabalho temporário é regido pela Lei nº 6.019/74 e essa modalidade de contratação é feita para serviços com prazo determinado para iniciar e terminar. São normalmente utilizados em empresas onde o produto é sazonal, ou seja, em tempo oportuno para fabricação e venda, por exemplo: verão (empresas de refrigerantes, cervejas, sorvetes; confecção e outros produtos), inverno (empresas de chocolates, confecção e outros).

As empresas que fornecem a mão de obra temporária são constituídas juridicamente para este fim, atendendo às principais disposições legais:

- Atividade transitória na empresa contratante e que esteja devidamente apta;
- Contrato de trabalho escrito, inclusive registro na Carteira de Trabalho e Previdência Social do trabalhador na condição de temporário;
- Prazo máximo de três meses para a prestação de serviço, salvo autorização do Ministério do Trabalho;
- Remuneração equivalente à recebida pelos empregados da empresa contratante;
- Todas as garantias trabalhistas previstas pela Consolidação das Leis do Trabalho - CLT (férias proporcionais, repouso semanal remunerado, adicional por trabalho noturno, indenização por dispensa sem justa causa ou término do contrato, correspondente a 1/12 do pagamento recebido, seguro contra acidente do trabalho, proteção da Previdência Social, 13º salário, salário-família e demais reflexos quando da rescisão do contrato de trabalho);
- As empresas de trabalho temporário são obrigadas a fornecer às empresas tomadoras, a seu pedido, comprovante de regularidade da situação com o Instituto Nacional de Previdência Social;

- A Fiscalização do Trabalho pode exigir da empresa tomadora de serviços temporários, a apresentação do contrato celebrado com a empresa de trabalho temporário, e desta, o contrato celebrado com o trabalhador e respectivo comprovante de recolhimento das contribuições previdenciárias;
- Cabe também à empresa tomadora de serviços temporários exigir da outra parte a comprovação dos recolhimentos trabalhistas.

> *Art. 443 O Contrato individual de trabalho poderá ser acordado tácita e expressamente, verbalmente ou por escrito e por prazo determinado ou indeterminado.*
>
> *§ 1º Considera-se como de prazo determinado o contrato de trabalho cuja vigência dependa de termo prefixado ou da execução de serviços especificados ou ainda da realização de certo acontecimento suscetível de previsão aproximada.*
>
> *§ 2º O contrato por prazo determinado só será valido em se tratando:*
>
> *a) de serviço cuja natureza ou transitoriedade justifique a predeterminação do prazo;*
>
> *b) de atividades empresariais de caráter transitório;*
>
> *c) de contrato de experiência (CLT).*

Portador de Deficiência

A Constituição Federal promove a igualdade de direitos e oportunidades e estabelece a proibição de discriminação quanto a salário e critérios de admissão do trabalhador com deficiência.

A Lei nº 8.213/91 dispõe sobre o Plano de Benefícios da Previdência Social, que por meio do artigo 93 obriga as empresas com 100 ou mais trabalhadores, independente do segmento de 2 a 5 por cento dos seus cargos, contratarem pessoas portadoras de deficiência habilitadas.

Autônomos

Esta modalidade de contratação é segurada pela Previdência Social e caracterizada por trabalho avulso, por tempo determinado e que não infrinja a legislação trabalhista. Para ser autônomo o indivíduo precisa de um registro na prefeitura de sua localidade que avaliará as suas competências e fará a verificação se ele se enquadra na relação de profissões que podem requerer registro de autônomo. É o típico trabalho por conta própria.

Aprendiz

É a modalidade de contrato de trabalho que se denomina "contrato de aprendizagem", por prazo determinado, em que a empresa contratante se compromete a assegurar ao maior de quatorze anos e menor de 24 anos, inscritos no programa de aprendizagem, a formação técnica e profissional.

O contrato de aprendizagem deve ser firmado por escrito, com prazo determinado (não superior a dois anos), não pode ter uma jornada de trabalho que exceda os limites legais e ser garantido um salário mínimo por hora trabalhada, extinguindo-se no seu termo ou quando o aprendiz completar 18 anos.

Estagiários

"De acordo com a Lei nº 11.788 de 25 de setembro de 2008, as empresas privadas, órgãos da administração pública direta, autarquias, bem como profissionais liberais de nível superior devidamente registrados em seus respectivos conselhos de fiscalização profissional, poderão contratar na modalidade de estagiário, aluno regularmente matriculado em curso vinculado ao ensino público e particular, desde que obedecendo aos seguintes critérios:

- Apenas estudantes que estejam frequentando o ensino regular, superior, educação profissional, de ensino médio, educação especial e dos anos finais do ensino fundamental na educação de jovens e adultos.
- Deve ser elaborado um termo de compromisso entre as partes (empresa, estagiário e instituição de ensino). A instituição de ensino intervém para que sejam cumpridas as exigências legais.

- Não há vínculo empregatício entre estagiário e empresa contratante. Da mesma forma, a empresa não é obrigada a pagar nenhum valor pelo desenvolvimento das atividades, e sua única exigência legal é a contratação de seguro de vida e acidentes pessoais compatível com o mercado e respectivo registro da apólice no termo de compromisso.
- Na existência de pagamento, é considerado "bolsa" para o estudante.
- A duração do estágio na mesma concedente não poderá ser superior a 2 (dois) anos, exceto para estudantes portadores de deficiência.
- O estágio deve ser realizado em horário que não coincida com o horário de aula e provas.
- O estágio deve ser acompanhado efetivamente pelo professor orientador da instituição de ensino e também pelo supervisor da parte concedente, sempre comprovado por vistos em relatório específico.

Recesso remunerado (caso o estagiário receba bolsa) de 30 (trinta) dias, a ser gozado preferencialmente durante as suas férias escolares."

As empresas se beneficiam com essa contratação, pois a responsabilidade dela é somente atender à exigência de uma apólice de seguro de acidentes pessoais para o estagiário.

O aspecto social é que deve ser lembrado, pois a legislação é clara quanto à má utilização da mão de obra de estagiários com o intuito de diminuir o custo operacional da sua folha de pagamento. A fiscalização é rígida quanto a este aspecto e pune aquelas empresas que não cumprem as disposições legais.

Se bem entendida a legislação, a empresa pode formar futuros talentos, papel importantíssimo da área de Recursos Humanos, que deve conduzir esta prática como política de desenvolvimento de carreira desses alunos. Muitos talentos são descobertos numa simples contratação de estagiário; os aspectos motivacionais de início de trabalho favorecem a empresa que consegue identificar as oportunidades nesse mercado promissor de estudantes.

Estudo de Caso

As atividades começam a ficar mais complexas com o surgimento de mais convênios médicos querendo se associar à empresa. Os funcionários começam a se perder em suas responsabilidades. O foco agora é determinar os requisitos necessários para cada cargo e profissionalizar o processo de Recrutamento e Seleção dos novos funcionários, atendendo ao mínimo necessário do perfil da vaga.

As secretárias não possuem experiência administrativa para dar prosseguimento a esta nova filosofia, consequentemente, não dispõem de tempo suficiente para buscar conhecimento na legislação trabalhista, pelo fato de não terem bem definidas as responsabilidades de cada ocupante do cargo.

Elabore um plano de ação que contemple o melhor desenho de cargo, o recrutamento adequado, as técnicas de seleção e a melhor forma de contratação. Justifique.

Exercícios

1. Cite os principais critérios utilizados pelas organizações para descrever um cargo.
2. Pesquise a diferença entre a contratação e a admissão de um empregado numa organização.
3. Segundo Minarelli (1995), um dos seis pilares da empregabilidade é o *Networking*. De acordo com o livro, como a área de Recursos Humanos trabalha com esse pilar?
4. Peça aos alunos que se dividam em grupo e escolham um elemento do grupo para traçar o perfil do cargo que ele ocupa na empresa.
5. Solicite que escolham e justifiquem três meios de divulgação do conteúdo da vaga do perfil traçado na questão 1.
6. Elabore o conteúdo da divulgação da vaga.

7. Elabore quatro questões para entrevistar o candidato, tendo como base o perfil traçado na questão 1. Justifique cada questão.

8. Elabore a prova prática.

9. A contratação do candidato pode ser de que maneira?

   a. Formal, conforme a CLT? Por quê?

   b. Terceirizada? Por quê?

   c. Por cooperativa? Por quê?

   d. Por temporário? Em que circunstância?

   e. Por autônomos? Por quê?

   f. Por estagiários? Por quê?

10. José Carlos, formado em Administração, soube da vaga para assistente administrativo por uma assessoria em Recursos Humanos. Enviou o seu currículo e foi chamado para uma entrevista. O futuro chefe deu uma rápida olhada em seu currículo, fez algumas perguntas e pediu que ela fizesse uma prova de matemática financeira. Ao corrigir aprova, contratou-o.

    a. Qual informação o texto passa sobre o cargo?

    b. Como ele foi recrutado?

    c. Por quais etapas do processo de seleção ele passou?

Bibliografia

BANOV, M.R. **Recrutamento, seleção e competências.** São Paulo: Atlas, 2010.

BANOV, M.R. **Ferramentas da psicologia organizacional**. 2. ed. São Paulo: Cenaun, 2004.

CARVALHO, A.V.; NASCIMENTO, L.P. **Administração de recursos humanos**. São Paulo: Pioneira Thomson Learning, 2002.

CHIAVENATO, I. **Gestão de pessoas:** *o novo papel dos recursos humanos nas organizações*. 2. ed. Rio de Janeiro: Elsevier, 2004.

FIDELIS, G.J. **Rotinas trabalhistas e dinâmicas do departamento de pessoal**. São Paulo: Érica, 2006.

KANAANE, R. **Comportamento humano nas organizações:** *o homem rumo ao século XXI*. São Paulo: Atlas, 1999.

LACOMBRE, F. **Recursos humanos:** *princípios e tendências*. São Paulo: Saraiva, 2005.

MARRAS, J.A. **Administração de recursos humanos:** *do operacional ao estratégico*. São Paulo: Futura, 2002.

PASCHOAL, L. **Administração de cargos e salários:** *manual prático e novas metodologias*. 2. ed. Qualitymark, 2001.

SANGER, M. **Dinâmica de grupo lança desafio ao candidato**. Folha de São Paulo, 5 abr. 1992.

SILVA, M.L.; NUNES, G.S. **Recrutamento e seleção de pessoal**. São Paulo: Érica, 2002.

SPECTOR, P.E. **Psicologia nas organizações**. São Paulo: Saraiva, 2002.

4

A Permanência na Organização

Assuntos abordados neste capítulo:

- *Socialização Organizacional*
- *Treinamento e Desenvolvimento de Pessoas*
- *Avaliação de Desempenho*
- *Cargos e Salários*
- *Sistemas de Remuneração*
- *Higiene: Medicina e Segurança do Trabalho*
- *Estresse, Clima Organizacional e Qualidade de Vida no Trabalho*

Para sustentar a estratégia organizacional, as empresas têm trabalhado muito seriamente nos processos de recrutamento e seleção, com vistas a diminuir cada vez mais a incidência de contratações insipientes, sem critérios profissionais e que invariavelmente alimentam os índices de rotatividade empresarial.

Investir na adoção de políticas e regras objetivas, que torne a permanência do funcionário no posto de trabalho algo satisfatório e de longo prazo, é condição primordial para a continuidade do planejamento estratégico de Recursos Humanos.

Apesar de fortes evidências apontarem para o sucesso de um trabalho inicial de conscientização dos funcionários, quanto às primeiras informações antes do início das atividades, mesmo assim a área de Recursos Humanos deve prover assistência aos funcionários, aconselhando-os e acompanhando-os continuamente, pois quanto mais informações menos incertezas terão.

Socialização Organizacional

A socialização dentro das organizações é um processo que tem como objetivo adaptar, integrar e manter o funcionário nos padrões culturais da organização.

A Socialização Após a Contratação

A socialização é uma estratégia que visa o aprendizado do novo funcionário na empresa, e está muito relacionada às políticas de Gestão de Recursos Humanos. Todo início requer um aquecimento para assumir a função para a qual foi contratado e o objetivo é conhecer a empresa, sua história, seus valores e suas perspectivas de vida.

Algumas percepções importantes que devem ser mencionadas:

a) É o primeiro contato com, e real, a empresa, seus valores, procedimentos e comportamentos esperados.

b) Começa com a identificação, por parte do funcionário, do valor da empresa e suas expectativas de desenvolvimento pessoal e profissional.

c) Prepara o espírito e reduz a ansiedade causada pela "estreia" ou por considerar-se um "estranho" na organização.

d) Fortalece o propósito de equipe e abre o primeiro canal de comunicação entre o funcionário e a empresa.

Assuntos abordados numa socialização organizacional:

- História da empresa com sua trajetória de negócios;
- Missão, visão e objetivos organizacionais;
- A estrutura hierárquica (breve relato da estrutura de autoridade e poder);
- Políticas, normas e procedimentos (informações sobre a sistematização formal e informal na empresa);
- Meios de comunicação existentes na empresa e suas funcionalidades;
- Ética no trabalho;
- Procedimentos do Departamento de Pessoal;
- Planejamento de Recursos Humanos (treinamento e desenvolvimento de carreira, sistemas de remuneração, benefícios etc.);
- As pessoas que fazem parte da empresa.

O fator crítico do sucesso na socialização organizacional está associado ao nível e à quantidade de informações que o funcionário recebe no início das suas atividades, pois quanto mais informações pertinentes a sua permanência ele obtiver, maior será o seu desempenho e interesse pelo seu posto de trabalho.

Outro aspecto importante com o qual a área de Recursos Humanos tem se preocupado é o ingresso tanto de funcionários sem experiência quanto de funcionários já com experiência no mercado de trabalho. As ansiedades são diferentes e por isso requerem um trabalho de conscientização que atinja as expectativas de ambos.

No quadro seguinte estão relacionadas algumas ansiedades do funcionário sem experiência e do funcionário experiente.

Funcionário sem experiência	Funcionário experiente
Ansiedade quanto ao desconhecido	Paradigmas do passado
Vida profissional iniciando	Fantasma do desemprego
Medo do sucesso	Preocupação com a estabilidade
Medo do fracasso	Aprender novamente

> *"Nesse processo bidirecional, a adaptação é mútua tendo em vista a busca de uma verdadeira simbiose entre as partes. Além de bidirecional é recíproca, pois cada parte atua sobre a outra. O período inicial do emprego constitui uma fase crucial dessa adaptação e do desenvolvimento de um relacionamento saudável entre o novo membro da organização. É um período lento e difícil de adaptação, no qual a rotatividade de pessoal costuma ser mais elevada do que nos demais outros períodos subsequentes. Nesse período, cada uma das partes aprende a se ajustar à outra. É uma aprendizagem recíproca em que ambas as partes procuram reduzir a incerteza a respeito da outra." (CHIAVENATO, 2004, p.174)*

Os programas de socialização para a integração do novo funcionário variam de acordo com a empresa, conforme sua cultura organizacional. Na empresa "A", o novo membro aprenderá com o mais antigo "as manhas da empresa", enquanto na empresa "B" novos integrantes vão passar juntos por experiências de socialização por intermédio de um curso dado pela gerência. Muitas empresas possuem ainda o "Manual de integração do funcionário", que consiste na apresentação dos direitos e deveres dos funcionários dentro daquela organização.

A Sanyo é um exemplo extremo de socialização para novos funcionários:

> *"Os novos empregados da Sanyo passam por um programa intenso de treinamento de cinco meses (os* ***trainees*** *comem e dormem em dormitórios subsidiados pela empresa e lhes é exigido que tirem férias juntos em complexos hoteleiros de propriedade da empresa) onde aprendem a maneira Sanyo de fazer tudo - de como falar com superiores, até a apresentação pessoal e vestuário apropriado." (ROBBINS, 1999, p.380)*

A Socialização durante a Permanência na Empresa

Nas empresas, o processo de socialização não ocorre apenas quando o indivíduo entra na organização, mas também quando troca de função, quando é transferido de departamento ou cresce na hierarquia e ocorre indiretamente durante toda a permanência desse indivíduo na empresa por meio de treinamentos e programas de integração.

Churrascos, confraternizações, *happy hour*, jogos e competições, reuniões e outros encontros propostos pela organização fazem parte do processo de socialização e reforçam os valores da cultura.

Esse processo atinge seu ponto máximo quando o empregado se sente à vontade na organização em que trabalha.

Outra particularidade da socialização organizacional é o contrato psicológico.

> *"O contrato psicológico é um entendimento tácito entre o indivíduo e a organização a respeito de direitos e obrigações consagrado pelo uso e que serão respeitados e observados por ambas as partes. Ao contrário do contrato formal, o contrato psicológico não é escrito e muitas vezes nem é discutido ou esclarecido. Ele se refere à expectativa recíproca do indivíduo e da organização no qual prevalece o sentimento de reciprocidade: cada parte avalia o que está oferecendo e o que está recebendo em troca. Se desaparecer o sentimento de reciprocidade, ocorre uma modificação dentro do sistema. Os contratos psicológicos são desenvolvidos entre pessoas, grupos de pessoas ou organizações." (CHIAVENATO, 2004, p.174)*

Esse contrato se quebra quando a reciprocidade não é mais sentida. Acaba ocorrendo a demissão.

O método de socialização organizacional, além de agilizar a inserção do funcionário no ambiente da empresa, consegue reduzir possibilidades de conflitos, comuns nos primeiros tempos de adaptação; facilita o relacionamento entre as pessoas; abre espaço para uma comunicação mais eficiente, privilegiando a participação nas tomadas de decisão sem deixar de ter em mente o foco no negócio.

Cada vez mais, empresas inovadoras procuram através do planejamento estratégico de Recursos Humanos criar condições favoráveis para que o funcionário se concentre no seu trabalho, crie, inove e traga soluções novas para o desenvolvimento organizacional e seu desenvolvimento profissional.

Estudo de Caso

Definido o plano de ação, a empresa começa a perceber que o tempo pode ser otimizado. Quanto à forma de recrutar e selecionar candidatos, as secretárias chegaram à conclusão de que, para manter a excelência do negócio, é necessário que todos os funcionários estejam comprometidos e apoiem as decisões tomadas.

A satisfação dos funcionários está muito próxima da percepção que eles têm do futuro profissional e o seu desenvolvimento, da mesma forma que a empresa espera que seus funcionários permaneçam por muito tempo trabalhando nela.

A partir dessas informações, como implantar alternativas que façam com que os funcionários identifiquem esta necessidade de comprometimento e trabalhem satisfeitos?

Justifique.

Treinamento e Desenvolvimento de Pessoas

Este capítulo aborda o treinamento e o desenvolvimento de pessoas que levam à capacitação profissional e desencadeiam os planos de carreira dentro das organizações.

Treinamento

Treinar significa qualificar, suprir carências profissionais, preparar a pessoa para desempenhar tarefas específicas do cargo que ocupa.

Algumas definições de treinamento:

> *"Treinamento é um processo de assimilação cultural a curto prazo, que objetiva repassar ou reciclar conhecimentos, habilidades ou atitudes relacionados diretamente à execução de tarefas ou à sua otimização no trabalho." (MARRAS, 2002, p. 145)*
>
> *"Quase sempre o treinamento tem sido entendido como o processo pelo qual a pessoa é preparada para desempenhar de maneira excelente as tarefas específicas do cargo que deverá ocupar. Modernamente, o treinamento é considerado um meio de desenvolver competências nas pessoas para que elas se tornem mais produtivas, criativas e inovadoras a fim de contribuir melhor para os objetivos organizacionais." (CHIAVENATO, 2004, p.338)*
>
> *"Treinamento é um processo sistemático para promover a aquisição de habilidades, regras, conceitos ou atitudes que resultem em uma melhoria da adequação entre as características dos empregados e as exigências dos papéis funcionais." (MILKOVICH, 2000, p.338)*

Conclui-se que o treinamento é um processo que visa capacitar, reciclar e suprir carências profissionais.

O treinamento produz mudança no **CHA** (conjunto de **C**onhecimentos, **H**abilidades, **A**titudes características pessoais necessárias para a realização de um trabalho) de cada trabalhador.

Tipos de Treinamento

Existem dois tipos de treinamento: o informal, aquele que não é planejado ou estruturado. Geralmente o chefe do departamento solicita a um funcionário mais experiente que ensine ao novo como desempenhar suas tarefas; e há o treinamento formal, que é planejado e estruturado, objeto deste capítulo.

Segundo Chiavenato (2004, p.346), a necessidade de treinamento pode ser observada por meio de alguns indicadores. Eles podem ser:

a) **Na admissão de pessoal:** quando as pessoas são admitidas, há a necessidade de orientações quanto às atividades que envolvem o seu cargo dentro daquela organização. Existem empresas que usam o treinamento formal e outras, o informal.

b) **Na redução de funcionários:** quando a empresa precisa enxugar o seu quadro de funcionários, treinar os que não foram demitidos para executarem atividades daqueles que foram demitidos.

c) **Na atualização de equipamentos e tecnologias:** exige-se treinamento para as pessoas saberem lidar com equipamentos de forma adequada. Por exemplo: ao mudar os *softwares*, a empresa precisa prover recursos de treinamento para que seus funcionários aprendam a lidar com a nova solução tecnológica.

d) **No lançamento de novos produtos ou serviços:** toda vez que uma empresa lança um novo produto ou serviço precisa providenciar o treinamento, de acordo com o cargo, para as pessoas conhecerem e saberem como trabalhar esse produto.

e) **Desperdício:** é necessário treinamento para a utilização adequada dos recursos materiais.

f) **Elevação do número de acidentes de trabalho:** muitas vezes estão relacionados com a falta de conhecimento ou habilidade em lidar com certos equipamentos.

g) **Queixas no atendimento ao cliente:** pode ocorrer porque o funcionário não sabe como atendê-lo.

Etapas do Processo de Treinamento Formal

São quatro as etapas básicas do processo de treinamento:

- **1ª etapa:** levantamento das necessidades do treinamento: buscam-se dados quanto ao problema detectado, os objetivos do treinamento, as competências que estão faltando etc.
- **2ª etapa:** elaboração e definição do treinamento: quem será treinado? Em quê? Onde? Quando? Qual o horário? Quanto tempo? Qual o material didático a ser utilizado? Quem dará o treinamento? (o gerente de linha? O RH? Ambos? Terceiros?) O custo? (e todas as providências necessárias para atingir os objetivos do treinamento).
- **3ª etapa:** aplicação: colocar em prática o que foi elaborado e definido na segunda etapa.

- **4ª etapa:** avaliação dos resultados: procura-se comparar a situação atual com a anterior para averiguar se houve resultados positivos. Inclui-se, também, a relação entre o custo e os benefícios.

Os indicadores mais frequentes de resultados positivos do treinamento são aumento da produtividade, melhoria da qualidade dos resultados, redução de custos, modificação de atitudes, aquisição de novos conhecimentos, aumento das habilidades, redução de acidentes, melhoria no clima organizacional, entre outros.

Aspectos a Serem Considerados no Treinamento

Para que um treinamento tenha bons resultados, é necessário levar em consideração:

a) A prática. O pragmatismo é imprescindível no treinamento, pois se não houver prática, não há como mudar o comportamento. Aplicar o que se aprende é fundamental. A prática aumenta o desempenho.

b) O treinamento envolve mudanças de comportamento: hábitos, atitudes, conhecimentos e destrezas, portanto envolve processos de aprendizagem.

c) Treinamento é diferente de aulas e informações, pois envolve necessariamente a mudança comportamental e a aplicabilidade do que se aprendeu.

d) O uso do reforço positivo[9] auxilia na aprendizagem, porque as pessoas aprendem melhor quando recebem reforços imediatos ao seu novo comportamento.

e) A punição muitas vezes também se faz necessária. O treinando será cobrado sobre sua aprendizagem. Caso não a aplique, pode ser demitido.

---

9 São aplicações de estímulos que fazem o comportamento das pessoas se repetir tornando-as condicionadas. Esses estímulos podem ser elogios, admiração, reconhecimento, adicional de salário, promoção, entre outros que satisfazem as necessidades psicológicas das pessoas.

f) O treinamento deve ser dado por pessoas treinadas e capacitadas.

g) O treinador deve usar linguagem adequada à população que será treinada.

Grande parte das ações efetivas em aprimorar a capacidade laboral das pessoas esbarra no desconhecimento das vantagens de uma educação continuada que capitalize o trabalho e rentabilize as organizações. Uma das metodologias existentes é a NBR ISO 10015:2001[10] - *Quality management - Guidelines for training*, que reforça o entendimento a respeito de um projeto de planejamento com aporte nas expectativas empresariais de retorno sobre o investimento em treinamento da mão de obra, podendo oportunizar vantagem competitiva no âmbito do desenvolvimento das potencialidades humanas internas. O documento enfatiza a importância da gerência de Recursos Humanos na adequação dos processos de treinamento das pessoas e que "as pessoas de todos os níveis da organização sejam treinadas de modo a atender ao compromisso da organização em fornecer produtos de acordo com a qualidade requerida por um mercado em constante mudança, onde os requisitos e expectativas dos clientes estão aumentando continuamente". É importante destacar que em qualquer referência descrita no documento se incluem todos os tipos de **educação**[11] e treinamento.

A sistemática do processo de treinamento inclui estágios como:

1. Definição das necessidades de treinamento;
2. Projeto e planejamento do treinamento;
3. Execução do treinamento;
4. Avaliação dos resultados de treinamento; e
5. Monitoração simultânea dos estágios.

Diante da realidade dos mercados, observa-se excesso de mão de obra e falta de qualificação, oportunidade que poderia ser administrada melhor pelos gestores responsáveis pelas pessoas. Normalmente acontece o contrário; processos de qualificação profissional são planejados e executados sem o menor critério nem comprometimento com os objetivos da organização.

---

10 Associação Brasileira de Normas Técnicas - Gestão da Qualidade - Diretrizes para Treinamento

11 Grifo nosso

Segundo a literatura científica, treinamento, desenvolvimento e educação têm objetivos diferentes.

> *"[...] como a aprendizagem relacionada ao trabalho do indivíduo; educação como a qualificação do empregado para ocupar diferente posto de trabalho na organização e desenvolvimento como a aprendizagem destinada ao crescimento do indivíduo, não relacionada especificamente ao trabalho atual ou futuro." (NADLER 1984, p. 16)*

Bastos (1991, p. 88) afirma que "a distinção entre educação e treinamento reporta-se ao nível de generalidade; a educação seria geral e se destinaria ao homem na sua totalidade, enquanto o treinamento seria específico e estaria voltado para a situação de trabalho".

Goldstein (1991) define treinamento como atitudes, conceitos, conhecimentos, regras ou habilidades adquiridas de forma sistemática e como resultado, um aumento substantivo na performance do trabalho.

Latham (1988) também define treinamento como uma sistemática de padrões de atitudes, conhecimentos e habilidades que são observados pela organização por um indivíduo para desenvolver uma tarefa ou trabalho.

O treinamento vem sendo considerado por muitos na área de Recursos Humanos como um sistema composto de eventos interdependentes que se comunicam com objetivo de reportar-se aos interesses da organização. Os eventos são a análise dos indicadores do desempenho humano em relação aos objetivos organizacionais, o diagnóstico das lacunas de competências dos trabalhadores, o planejamento das ações de treinamento, a implementação do treinamento, a avaliação dos resultados da transferência do treinamento no ambiente de trabalho. Goldstein (1991, p. 514) comenta que "programas de treinamento interagem com o sistema da organização e são diretamente afetados por ele, como as políticas corporativas de seleção e filosofia gerencial".

De acordo com Latham (1988, p. 550), "o suporte organizacional para treinamento ocorre na medida em que os objetivos de treinamento são ligados aos objetivos organizacionais, são adequados à estratégia organizacional e na extensão com que implicam o progresso do plano de negócio da organização".

"[...] pesquisadores da área têm notado que os procedimentos adotados para a avaliação de necessidades de treinamento não oferecem uma ligação explícita entre os objetivos estratégicos organizacionais e as necessidades de treinamento. Percebe-se, portanto, que a identificação de necessidades de treinamento guarda estreita relação com a estratégia organizacional e com o suporte organizacional para transferência das habilidades adquiridas em treinamento." (KOZLOWSKI et al. 2000, p. 182)

É importante reconhecer que o processo de treinamento não deve ser focado apenas na estrutura dos conteúdos, ou seja, no diagnóstico, na organização do "evento", na execução e no controle dos resultados no curto prazo, e sim focado num processo de aprendizagem e rentabilidade da organização.

Isso revela um lado ainda carente das organizações e dos profissionais que administram pessoas, que é o de avaliar apenas os resultados obtidos no curto prazo a revelia dos interesses maiores da organização. O fracasso do planejamento estratégico de muitas organizações deve-se à inabilidade de converter um grande objetivo em planos de ação específicos e prioritários.

Para administrar este cenário repleto de desafios e estratégias, o grande aliado ou instrumento de trabalho importante nesse processo é o planejamento estratégico focado na Gestão de Pessoas, que:

a) Reconheça a importância da análise diagnóstica do ambiente interno;

b) Identifique as melhores possibilidades de interação das pessoas;

c) Planeje a implantação de ações de desenvolvimento viáveis de acordo com as políticas internas da organização; e

d) Pela criação de indicadores de desempenho, avalie os resultados obtidos nos projetos de treinamento, desenvolvimento e retenção de pessoas.

Para capitalizar o trabalho e atender a missão, as organizações estão percebendo que a saída estratégica viável é adotar uma política "educacional", em que, além da formação técnica de base, a formação profissional e o comportamento somem forças, fomentando o diferencial entre as organizações inteligentes que investem no conhecimento.

Considerando que o conhecimento é um processo de descobertas sensoriais e orientado para uma determinada ação, algumas variáveis são importantes nesse processo, como a iniciativa, a automotivação e os resultados. Depreciado de maneira inversa, ou seja, quanto mais se exercita o conhecimento, mais ele se valoriza, observa-se que organizações preocupadas com seu desenvolvimento e seu posicionamento no mercado saem em busca do "novo" (práticas e métodos) que as qualifiquem continuamente, inclusive a sua força de trabalho.

As grandes organizações montam centros de treinamento ou mesmo escolas próprias, e outras, ainda, procuram nas Instituições de Ensino a fórmula pedagógica e a orientação necessárias para complementar a capacitação e o aprimoramento de seus trabalhadores.

Desenvolvimento de Pessoas

O treinamento e o desenvolvimento caminham juntos. Embora muitas vezes façam uso das mesmas técnicas, seus objetivos são diferentes. O treinamento é pontual e está relacionado a uma carência a ser suprida naquele cargo, naquele momento. O desenvolvimento de pessoas visualiza as possíveis alterações e mudanças futuras e tem como objetivo manter as pessoas atualizadas. O desenvolvimento está voltado ao crescimento pessoal do empregado em direção à carreira futura e não ao cargo atual.

> *"O treinamento prepara o homem para o desenvolvimento de tarefas específicas enquanto um programa de desenvolvimento gerencial oferece ao treinando uma macrovisão do* ***business****, preparando-os para voos mais altos, a médio e longo prazos." (MARRAS, 2002, p. 167)*
>
> *"Desenvolvimento é o processo de longo prazo para aperfeiçoar as capacidades e motivações dos empregados a fim de torná-los futuros membros valiosos da organização. O desenvolvimento inclui não apenas o treinamento, mas também a carreira ou outras experiências." (MILVOVICH, 2000, p. 338)*

Os métodos mais comuns de desenvolvimento de pessoas são:

a) Participação em palestras, seminários, *workshops*, debates sobre temas atuais que envolvam política, economia, marketing, inovações tecnológicas, entre outros que garantam a atualização do profissional.

b) *Job rotation* ou rotação de cargos: a pessoa passa um período em outros setores da organização que não o seu. Segundo Chiavenato (2004, p.372), a rotação de cargos representa um excelente método para ampliar a exposição da pessoa às operações da organização e transformar especialistas em generalistas.

c) Ocupação de posições de assessorias.

d) *Coaching:* o termo *coach* refere-se a professor particular que treina para as competições. É quem ensina as jogadas e estratégias, ensaia, acompanha a prática e avalia resultados. *Coaching* são sessões de aconselhamento, feitas geralmente por um consultor de carreira que acompanha o desenvolvimento de um profissional. É focado no desenvolvimento do trabalho e resultados operacionais.

e) *Mentoring:* profissional com experiência e habilidade em relacionamento, que passa aos outros novas ideias sobre trabalho e carreira sob a forma de atenção e amizade. O mentor é uma espécie de monitor, uma pessoa que orienta, aconselha e aponta direções. O foco do seu trabalho está no desenvolvimento da pessoa. Geralmente, o mentor adota um funcionário que apresenta algum potencial. O acompanhamento do mentor torna o profissional mais aberto à mudança, encoraja a criatividade e a inovação.

f) Educação continuada: cursos de aperfeiçoamento referentes à atividade do funcionário. Pode incluir a pós-graduação.

g) Educação corporativa: muitas empresas têm criado suas próprias "universidades" com o objetivo de manter seus funcionários constantemente atualizados. A educação corporativa é diferente da tradicional porque a tradicional forma pessoas para o mercado de trabalho, enquanto a corporativa forma pessoas para atender às necessidades daquela organização. A maioria das empresas que adotam a educação corporativa são grandes empresas que não têm salas de aula e dão seus cursos a distância e fazem uso da videoconferência. Algumas empresas atrelam a promoção de pessoal ao número de cursos feito pelo funcionário. Por ser um trabalho contínuo, prepara as pessoas para as mudanças.

"As empresas que estão privilegiando a educação corporativa criaram suas universidades próprias: as universidades corporativas. Essas empresas lucram com a "escola em casa". Pesquisa realizada em 100 universidades corporativas nos Estados Unidos pela Corporate University Xchange revela que o retorno do investimento é o dobro de um treinamento tradicional. Para cada US$ 1 usado em treinamento tradicional, o retorno é de US$ 0,50. Nas universidades corporativas, o retorno é de US$ 2. Em vez de contarem somente com os cursos oferecidos pelo mercado, as empresas partiram para suas próprias "universidades" para incrementar o aperfeiçoamento constante de seus funcionários. As chamadas universidades corporativas, originadas nos Estados Unidos, estão ganhando força como instrumento para treinar profissionais de forma contínua e ultrapassar a deficiência na formação prática e específica dos profissionais, pois ficou constatado que os treinamentos convencionais nem sempre têm utilização direta no trabalho. Accor (hotelaria), Brahma (bebidas), Fischer América (publicidade), McDonald's (alimentação), Motorola (telefonia) e Souza Cruz (cigarros) são empresas que levam profissionais, fornecedores e até clientes à sala de aula de suas universidades próprias...

...Não há necessidade de construir prédios ou salas de aula. Em muitos casos, o conceito de universidade corporativa existe, mas a estrutura é virtual. É o caso da Brahma, da Souza Cruz e da Fischer América, que não têm espaço físico. A Brahma optou pela universidade corporativa quando verificou o quanto gastava em treinamento e quanto esse investimento proporcionava de retorno à empresa." (CHIAVENATO, 2004, 356)

O desenvolvimento de pessoas está relacionado com o desenvolvimento de carreiras.

"O desenvolvimento de pessoas está intimamente relacionado com o desenvolvimento de carreiras. Carreira é uma sucessão ou sequência de cargos ocupados ao longo de sua vida profissional. A carreira pressupõe desenvolvimento profissional gradativo e cargos crescentemente mais elevados e complexos. O desenvolvimento de carreira é um processo formalizado e sequencial que focaliza o planejamento da carreira futura dos funcionários que têm potencial para ocupar cargos mais elevados." (CHIAVENATO, 2004, p. 374)

Desenvolvimento de Carreira

Cada funcionário deve ter um conjunto de qualificações, atributos e conhecimentos para desenvolver a sua carreira.

Esse conjunto diz respeito às conquistas e realizações que, de maneira concreta, viabilizaram o crescimento da empresa, seja em termos de melhoria de processo ou em termos de rentabilidade financeira. Atributos e conhecimentos são competências que as empresas buscam nos funcionários.

As competências podem ser observadas diariamente em situações em que o funcionário é avaliado, contudo é importante que o funcionário se especialize numa determinada atividade ou processo, mas também conheça suas generalidades, aquilo que impacta direta ou indiretamente sobre o resultado do seu trabalho.

A qualidade e a produtividade são conquistadas quando o funcionário consegue analisar os seus pontos fortes, suas limitações e consegue transformar as limitações em pontos de melhoria contínua. Quando isso é observado na empresa, é imprescindível que se desenvolvam essas potencialidades e sejam oferecidas oportunidades de desenvolvimento de carreira para o talento encontrado.

Cabe à Empresa

- Identificar as oportunidades futuras de desenvolvimento de carreira para atender seus objetivos futuros.
- Proporcionar uma comunicação clara com os seus funcionários sobre os seus objetivos em relação ao desenvolvimento de carreira.

- Oferecer programas de treinamento para potencializar as capacidades dos funcionários.
- Aconselhar os chefes sobre a utilização de ferramentas de avaliação de desempenho dos funcionários.

Cabe ao Gestor

- Disponibilizar recursos e informações para os funcionários aprimorarem suas habilidades e competências.
- Selecionar os funcionários viáveis para as vagas sob sua responsabilidade.
- Aconselhar os funcionários sobre o planejamento de sua carreira na empresa.
- Avaliar de maneira imparcial o desempenho dos seus funcionários.
- Viabilizar a entrada do funcionário na nova etapa de sua carreira.

Cabe ao Funcionário

- Reconhecer os seus pontos fortes (habilidades e competências).
- Identificar as suas limitações profissionais.
- Decidir seus objetivos profissionais em detrimento dos objetivos organizacionais.
- Buscar informações e recursos com seu chefe sobre as opções existentes na empresa para desenvolver sua carreira.
- Escolher a opção desejada de acordo com os seus interesses e seguir as normas apresentadas pela empresa.

Organizações de Aprendizagem

Uma das maneiras de manter funcionários atualizados é criar e aplicar, dentro das organizações, o conceito de organização de aprendizagem.

Uma organização de aprendizagem é aquela que cria condições e estimula para que os grupos de pessoas que trabalham juntas possam desenvolver suas capacidades e trazer os resultados desejados pela organização. Elas conseguem desenvolver em seus colaboradores a capacidade de inovação e rápida adaptação às mudanças. A organização propicia um ambiente de condições favoráveis para a aprendizagem de seus colaboradores. Os administradores devem criar organizações que aprendem.

> *"Embora os teóricos organizacionais falem sobre uma organização de aprendizagem, são os trabalhadores que realizam tal aprendizado. A sabedoria coletiva dos funcionários pode, então, ser traduzida em uma organização de aprendizagem." (DUBRIN, 2003, p. 392)*

São características da organização de aprendizagem:

a) **A aprendizagem de equipe:** a organização de aprendizagem enfatiza o trabalho em equipe e a solução coletiva de problemas. Os membros da equipe devem estar em constante troca de informações. A empresa cria oportunidades para que os colaboradores se reúnam e compartilhem informações através de reuniões, conferências, debates.

b) **Visão compartilhada e compromisso com a organização:** os colaboradores devem ter uma visão comum e estar comprometidos para que a empresa seja uma organização de aprendizagem e o papel do administrador é fundamental no desenvolvimento dessa visão compartilhada. Segundo Dubrin (2003, p.393), o desenvolvimento de uma visão compartilhada depende de uma liderança eficaz. Se os trabalhadores, em todos os níveis, acreditam que a empresa caminha em direção à grandeza, estarão motivados a aprender para alcançar tal grandeza.

c) **Uso contínuo do *feedback*:** cria posições abertas e não defensivas. Os questionamentos são estimulados. Os erros são considerados experiências valiosas de aprendizado sobre o que não deve ser feito no futuro.

d) **Pensamento sistêmico:** a empresa é vista no todo e cada colaborador tem a consciência de que o seu trabalho afeta o trabalho de outros colaboradores.

e) **Aprendizagem de ação:** a aprendizagem se efetiva quando ela é colocada em prática. As discussões devem trazer novas habilidades.

f) **Domínio pessoal do cargo:** embora a organização de aprendizagem enfatize a equipe, cada trabalhador deve ser perito naquilo que faz. Cada membro deve desenvolver especializações, pois cada membro do grupo acrescenta algo de valor em relação ao que está sendo discutido.

g) **Uso ético do *benchmarking*[12]:** não se copiam ideias de uma empresa, mas copiam-se práticas de uma empresa que não atua diretamente em sua linha de negócios.

Estratégico - Treinamento, Desenvolvimento e Plano de Carreira

As empresas planejam, organizam e controlam suas atividades por meio de mecanismos de gestão que garantem a sua competitividade frente ao mercado concorrente.

Administrar pessoas cada vez mais está se tornando o ponto de equilíbrio entre o sucesso e o fracasso empresarial. Ao mesmo tempo em que empresas incentivam os funcionários na busca do autoconhecimento, aprimoramento específico de suas atividades e a ambicionar novas posições, existem empresas que ainda não se importam com a qualidade e produtividade através do investimento nas pessoas, proporcionando um estresse em termos de atitudes e comportamentos frente aos objetivos organizacionais.

O planejamento de Recursos Humanos, integrado aos objetivos e estratégias organizacionais, proporciona para a empresa uma avaliação muito importante entre o atual quadro de funcionários e a adequação desses funcionários aos postos de trabalho.

Na prática, o RH desempenha o papel de avaliar e prover informações aos gestores, sobre a necessidade de implementar planos de treinamento, incentivos ao desenvolvimento de carreira ou corrigir desvios existentes que atrapalhem o clima organizacional.

É importante que os funcionários conheçam os objetivos com relação à política de treinamento da empresa para que caminhem na direção certa e saibam onde estão e aonde podem chegar.

---

12 *Benchmarking*: observação do sucesso alheio.

O treinamento está relacionado com a capacitação e desenvolvimento das potencialidades do funcionário, aumento da competitividade da empresa e com a satisfação do cliente.

O cliente só estará em evidência quando os funcionários se sentirem valorizados e incentivados a desenvolverem suas habilidades e buscarem aplicar o cotidiano na empresa.

Além de informações para melhorar a performance do funcionário, o treinamento deve proporcionar formação básica, em que aprenderá novas atitudes e ideias que fortaleçam a sua personalidade e caráter para ser cada vez mais eficiente e eficaz dentro e fora da empresa.

As empresas que realmente se preocupam com a excelência e em se manterem competitivas em um mercado concorrente e estreito estão preparando os seus Recursos Humanos para serem ágeis, competentes, focados no negócio e nos resultados, pois são considerados o fator crítico do sucesso da empresa e do próprio negócio.

Para conseguir superar os desafios da concorrência e das mudanças, as empresas precisam assumir riscos e para isso é necessário treinar constantemente os seus funcionários.

O treinamento transmite sinais aos funcionários de que a empresa está preocupada também com eles, que suas atitudes e comportamentos devem estar alinhados às expectativas da empresa, além de alavancar o desempenho do cargo, de se tornarem mais produtivos para alcançar os objetivos organizacionais. O treinamento habilita o funcionário a buscar os seus próprios objetivos como ser humano.

Avaliação de Desempenho

Objetivos, aplicações e métodos mais comuns de avaliação do desempenho utilizados nas organizações são assuntos tratados a seguir.

Conceitos Básicos

Para compreender a avaliação do desempenho dentro das organizações, os conceitos de desempenho e avaliação devem ser claros.

Entende-se por desempenho humano o ato de cumprir ou executar determinada meta previamente traçada, e por avaliação de desempenho o processo que mede o desempenho do funcionário nas metas para ele traçadas. O desempenho do funcionário é o grau em que ele alcança os requisitos do seu trabalho.

> "*Avaliação do desempenho humano é a identificação, mensuração e administração do desempenho humano nas organizações. A identificação se apoia na análise de cargos e procura determinar as áreas de trabalho que se deve examinar quando se mede o desempenho. A mensuração é o elemento central do sistema de avaliação e procura determinar como o desempenho pode ser comparado com certos padrões objetivos. A administração é o ponto chave de todo o sistema de avaliação.*" *(CHIAVENATO, 2004, p. 223)*

> "*Avaliação de desempenho (AD) é um instrumento gerencial que permite ao administrador mensurar os resultados obtidos por um empregado ou por um grupo, em período e área específicos (conhecimentos, metas, habilidades etc.).*" *(MARRAS, 2002, p. 173)*

Pode-se dizer que a avaliação do desempenho dentro das organizações é o processo que visa medir o quanto um empregado é capaz de produzir dentro de uma meta estabelecida.

Objetivos da Avaliação de Desempenho

A avaliação do desempenho nas organizações tem por objetivo verificar o resultado de um investimento realizado numa trajetória profissional pelo retorno recebido pela organização. Além disso, é um instrumento que serve para:

- Verificar a contribuição (do funcionário ou grupo) nos resultados da empresa;
- Identificar quem precisa de treinamento;
- Descobrir novos talentos;
- Administrar cargos e salários;
- Avaliar o sistema de remuneração;
- Promover pessoas;
- Elaborar programas de mérito;
- Promover transferências;
- Fornecer *feedback* aos empregados;
- Efetuar demissões.

As metas, em geral, são estabelecidas por meio de resultados, conhecimentos, habilidades e comportamentos exigidos pelo cargo que o empregado ocupa, que podem ser:

- **Pelos resultados:** é possível avaliar quantitativamente, por exemplo: número de peças produzidas, de produtos vendidos num determinado tempo, dos novos correntistas no último mês, de pacientes atendidos por um enfermeiro etc., e qualitativamente, por exemplo: a criação de um produto para a empresa X, a qualidade de atendimento que uma enfermeira dá aos pacientes que estão sob sua responsabilidade, entre outros.
- **Pelo conhecimento:** o que se pode avaliar são as informações inerentes ao cargo adquiridas pelo empregado e o grau de atualização do funcionário. O enfermeiro que trabalha com aidéticos deve ser avaliado sobre o que ele conhece a respeito da doença, formas de prevenção e cuidados; o analista de economia pode ser avaliado sobre o que ele conhece de economia brasileira e internacional e, de acordo com a atividade da empresa, entre outras informações cabíveis ao cargo.
- **Pelas habilidades:** pode ser avaliado, por exemplo: o domínio que um enfermeiro tem na aplicação de injeções ou a facilidade de lidar com cálculos que um analista de salários possui.

- **Pelo comportamento:** verifica-se a compatibilidade do empregado com a cultura da organização, suas crenças, normas, valores, rituais e demais componentes da cultura. Trabalhar num hospital público é diferente de trabalhar num grande hospital particular, pois são culturas e objetivos organizacionais diferentes. Avalia-se também a compatibilidade do comportamento do empregado com o cargo, por exemplo: como o gerente lida com os conflitos, como um diretor trata uma visita, como o vendedor atende um cliente, como o enfermeiro atende o paciente etc.

Os Avaliadores de Desempenho

São as organizações, de acordo com a sua história e cultura organizacional, que decidem quem deve avaliar o desempenho dos seus empregados. Segundo Chiavenato (2004, p. 227), pode ser feito o uso de:

- Autoavaliação: o próprio empregado avalia o seu desempenho;
- Gerente ou superior imediato é quem avalia o desempenho de seus subordinados;
- O subordinado e o seu superior, em conjunto;
- A equipe de trabalho;
- Várias pessoas envolvidas com o avaliado: superior imediato, subordinados, colegas, clientes, fornecedores, conhecida como Avaliação de desempenho 360 graus;
- Avaliação para cima, na qual o grupo avalia o seu superior;
- Comissão de avaliação de desempenho. É definida ou contrata uma comissão para avaliar o desempenho de funcionários;
- A área de Recursos Humanos que, em geral, obtém dados através do superior imediato. Trabalha com relatórios, médias (e não desempenho individual).

Métodos de Avaliação de Desempenho

As avaliações de desempenho podem ser informais, que consistem em perguntar ao superior imediato ou para as pessoas do departamento como veem o desempenho/trabalho de certas pessoas dentro da organização; podem ser formais, quando se faz uso de instrumentos previamente construídos de acordo com o que se estabelece como desempenho para um determinado cargo.

Existem alguns instrumentos de avaliação de desempenho padronizados, porém quanto à forma. O seu conteúdo deve ser desenvolvido e adaptado de acordo com o cargo e com a empresa, assim como os critérios de avaliação. Os mais comuns utilizados pelas organizações são:

Escalas Gráficas

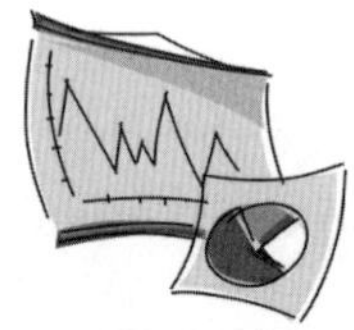

É o método mais usado nas organizações.

Consiste em:

a) Estabelecer variáveis que a organização define como desempenho (conhecimento, assiduidade, proatividade, número de clientes etc.);

b) Cada variável é dividida em graus (excelente, ótimo, regular, fraco, muito fraco);

c) Cada grau dessa escala tem um valor em pontos;

d) Compara-se o resultado final do funcionário com a meta estabelecida ou a média do grupo.

O quadro que segue sugere um exemplo da avaliação de desempenho em escalas gráficas. As variáveis foram escolhidas pelo setor interessado nas avaliações.

Variáveis	Excelente	Ótimo	Regular	Fraco	Muito Fraco
Pontualidade	Chega com antecedência sempre	Chega sempre no horário	Chega quase sempre no horário	Chega mais atrasado do que na hora certa	Chega sempre atrasado
Qualidade do trabalho	Sempre acima dos padrões	Qualidade nos padrões	Quase nos padrões	Abaixo dos padrões	Longe dos padrões
Qualidade de trabalho	Sempre acima da média	Sempre está na média	Sempre está quase na média	Raras vezes está na média	Nunca está na média
Relacionamentos interpessoais	Excelente no trato com as pessoas	Bom no trato com as pessoas	Trata normalmente as pessoas	Não trata bem as pessoas	É indelicado com as pessoas

Variáveis	Excelente	Ótimo	Regular	Fraco	Muito Fraco
Inovação	Tem sempre boas ideias	Quase sempre traz boas ideias	Algumas vezes traz boas ideias	Raramente traz boas ideias	Nunca traz boas ideias
Dedicação ao trabalho	Está sempre à disposição	Disponível quando precisa	Quase sempre disponível	Às vezes disponível	Nunca está disponível
Apresentação	Sempre muito asseado	Sempre limpo, penteado e roupa passada	Quase sempre limpo, penteado e roupa passada	Quase sempre despenteado e roupa amassada	Nunca asseado
Idioma (________)	Fluente	Bom	Razoável	Insuficiente	Ruim

Quadro 1: Modelo de Escala Gráfica de Avaliação de Desempenho.

Incidentes Críticos

O método dos incidentes críticos leva em consideração:

- Os pontos fortes e fracos de quem está sendo avaliado;
- Duas séries de afirmativas (uma positiva e outra negativa).

O responsável pelo setor descreve os aspectos considerados fortes e fracos para o desempenho da função.

O próximo quadro mostra um modelo de avaliação de desempenho no método dos incidentes críticos.

Avaliação de Desempenho			
Nome do Empregado: Maria da Silva		Data de Admissão: 18/03/2003	
Cargo: Enfermeira		Data de Avaliação: 25/10/2005	
Setor: Pronto Atendimento			
Pontos Positivos		**Pontos Negativos**	
Graduada	X	Falta atualização	X
É elogiada pelos pacientes	X	Os pacientes fazem reclamações do seu trabalho	
Sabe dos procedimentos das principais ocorrências	X	Não tem habilidade em usar os instrumentos básicos	
Usa corretamente os instrumentos de trabalho	X	É limitada em relação à tomada de decisão	X
Atenção	X	Não se comunica bem com os médicos	

Quadro 2: Modelo do Instrumento de Avaliação de Incidentes Críticos.

Método 360 Graus

O trabalhador é avaliado por subordinados, superiores, clientes internos e externos, fornecedores, enfim, pelos elementos que têm contato com ele. A escala gráfica pode ser utilizada e enviada para ser preenchida por cada avaliador.

Avaliação Participativa por Objetivos - APO

- Participam o funcionário e o seu superior imediato;
- Os objetivos são formulados por ambos;
- Ação individual do superior imediato: apoio, direção orientação e recursos;
- Ação individual do subordinado: desempenhar as tarefas;

- Avaliação conjunta dos objetivos e reciclagem do processo de APO.

Os principais problemas de um sistema de avaliação de desempenho:

- Subjetividade (inconsciente) inserida no processo de julgamento;
- O avaliador conscientemente "interfere" num resultado com a intenção de ajudar ou prejudicar o avaliado;
- Efeito halo: o avaliador deixa-se levar por uma característica marcante do avaliado, neutralizando as demais;
- Basear-se em acontecimentos recentes, julgar a pessoa pelos seus últimos atos;
- Levar em conta características pessoais extracargo;
- Metodologia utilizada para avaliar.

Gestão do Desempenho

Muitas empresas estão substituindo a Avaliação de Desempenho pela Gestão do Desempenho, trocando o processo tradicional de avaliação pelo processo de gestão do conhecimento.

Ao descrever os indicadores de desempenho e cravá-los aos interesses da organização, da área de atuação e do colaborador, articula-se o gerenciamento do desempenho futuro, traçando objetivos que possam ser realizados. Eles têm como base a antecipação dos resultados e o gerenciamento do desempenho para atingir as metas organizacionais.

O controle do progresso por meio de *feedback* é contínuo, usando a comparação dos indicadores e resultados.

Avaliação de Desempenho Estratégico

As empresas passam por avaliações todos os dias. É fato que elas precisam melhorar a cada ano, a cada mês, a cada dia, a cada hora, a cada minuto e a cada segundo, construindo a sua história no perigoso mercado de trabalho. Cada vez mais, a força de trabalho é que impulsiona essa missão organizacional com seus insumos e resultados alcançados, compartilhando das decisões e melhorando continuamente os produtos ou serviços.

O raciocínio, por trás desse fato, é que a capacidade produtiva e as pessoas devem ser avaliadas periodicamente por aquilo que respondem no processo de trabalho, assim como a capacidade de produzir inovações, trabalhar bem, sozinhas e em grupos. A empresa pode melhorar esse cenário, porém a diversidade de comportamentos são as características individuais que os trabalhadores desenvolveram ao longo da vida e dificilmente modificáveis, a não ser que se motivem a buscar melhores resultados a cada momento.

As empresas concorrem em dois mercados distintos: o dos clientes e dos concorrentes propriamente ditos; e o de funcionários, que flutuam conforme as suas satisfações profissionais. Vale dizer que o investimento na contratação de um funcionário deve ser contabilizado como de longo prazo, evitando assim, perdas irrecuperáveis com treinamentos que não possam surtir efeitos para a empresa investidora, e sim, para a concorrência.

A avaliação de desempenho busca identificar esse cenário empresarial, que anda marginalmente entre a motivação e a insatisfação das pessoas e da própria empresa, com os resultados alcançados. Corrige rumos e identifica possibilidades de desenvolvimento empresarial e profissional da força de trabalho.

O tratamento dado à avaliação de desempenho deve atingir às expectativas de ambos (empresa e funcionário) e não ser considerado avaliação punitiva, o que de certo é inócua em se tratando de uma ferramenta de gestão estratégica.

A empresa precisa entender os conceitos da avaliação de desempenho numa profunda reflexão sobre a sua importância como ferramenta de desenvolvimento organizacional; fazer dela um instrumento de procura das novas demandas organizacionais sobre os indivíduos, como iniciativa, autonomia, criatividade, inovação, trabalho em equipe etc.

A avaliação de desempenho, cada vez mais, está sendo destaque como um dos processos mais estratégicos, diretamente relacionada ao planejamento estratégico de Recursos Humanos.

Avaliação de Desempenho Individual e da Equipe

De alguma forma, a avaliação de desempenho está inserida num contexto que cada tarefa realizada por um indivíduo é julgada por outros indivíduos, geralmente o superior imediato. Muitas vezes, existe uma avaliação contínua dos trabalhadores em seu posto de trabalho, porém nem sempre existe *feedback* do desempenho nem critérios claros acordados entre as partes para a verificação do desenvolvimento desse desempenho.

Julgamentos inconsistentes fazem parte do cotidiano de quem avalia ou é avaliado, consequência da falta de critérios para definir as variáveis e as condições de trabalho na empresa. Daí a necessidade de criar instrumentos capazes de avaliar o desempenho através de comparações efetivas, visto que o desempenho é uma ação, num determinado momento, decorrente de algum projeto de trabalho, pois deve medir os conhecimentos, habilidades específicas num determinado tempo e por resultados concretos, tanto do trabalhador quanto da empresa que disponibiliza recursos para o desempenho das tarefas.

As competências produzem a qualidade e a produtividade esperada pela empresa, e quanto maior for a competência de um trabalhador, maiores serão as chances de um bom desempenho. Elas melhoram com a experiência e suas características potenciais, como capacidade técnica, bom relacionamento no ambiente de trabalho, adaptação, proatividade e respeito, fazendo com que o trabalhador se qualifique e desempenhe melhor determinadas tarefas.

As condições de trabalho nem sempre facilitadoras influenciam no desempenho do trabalhador. Uma cultura que não favoreça as características individuais, regras ou procedimentos que incentivem a desigualdade, julgamentos injustos e falta de respeito da empresa com as diversidades de pessoas favorece um ambiente adverso e não propício a um bom desempenho.

A sinergia depende do somatório de competências de cada participante de uma equipe e da mobilização de esforços interdependentes para se alcançar um bom desempenho. Cabe à empresa proporcionar uma forma de integrar e mobilizar as competências individuais para formar uma competência coletiva.

Indicadores de Desempenho

Não se pode estudar a evolução de qualquer planejamento estratégico sem contar com ferramentas ou instrumentos que possam avaliar os resultados conquistados. As empresas precisam estabelecer indicadores do desempenho das equipes de trabalho, dentro das metas estabelecidas pelos objetivos organizacionais. O Recursos Humanos consegue registrar no seu banco de dados indicadores de desempenho da empresa e dos trabalhadores.

Alguns indicadores que servem para avaliar o desempenho dos trabalhadores:

- **Participação:** compromisso em participar de reuniões e comunicar decisões;
- **Iniciativa:** capacidade de lidar em diferentes situações e tomar as providências cabíveis;
- **Criatividade e inovação:** capacidade de criar situações e implementar soluções;
- **Prazo:** cumprir prazos estabelecidos;
- **Qualidade:** planejar e executar as ações com eficiência e eficácia;
- **Responsabilidade:** capacidade de comprometimento com os resultados das ações;

- **Habilidade:** prover recursos e aplicar os conhecimentos com competência;
- **Comunicação:** expressar-se de maneira clara e objetiva;
- **Espírito de equipe:** capacidade de trabalhar em equipe, demonstrando colaboração e sinergia;
- **Racionalidade:** capacidade de racionalização dos recursos disponíveis;
- **Flexibilidade:** contornar dificuldades na implementação das ações.

O quadro seguinte ilustra os indicadores valorizados atualmente numa avaliação de desempenho.

Variáveis	Ótimo	Bom	Regular	Fraco
1 - Interesse pelo Trabalho Mostra-se motivado e interessado na realização de seu trabalho.	Suas atitudes demonstram interesse pelo trabalho, realiza-o com vontade, motivação e empenho.	Mostra interesse pelo trabalho. Na maioria das vezes, realiza-o com vontade, motivação e empenho.	Em poucas situações demonstra interesse pelo trabalho.	Não demonstra interesse pelo trabalho.
2 - Liderança Capacidade de direcionar a equipe a obter resultados. Apresenta planejamento, segurança e facilidade de tomar decisões.	Conduz a equipe e suas atividades de forma segura, com capacidade de levar a equipe a atingir os resultados. Apresenta planejamento e capacidade de tomar decisões.	Geralmente, conduz a equipe e suas atividades de forma segura, sendo o facilitador para que a equipe atinja os resultados esperados.	Em poucas situações apresenta planejamento, segurança e tomada de decisões.	Em sua forma de atuação não há planejamento. Demonstra morosidade em situações que necessite tomada de decisão.
3 - Conhecimento do Trabalho Domina as atividades de sua função (aspectos técnicos e teóricos). Não necessita de orientação.	Detém conhecimento total de seu trabalho e não necessita de orientação.	Bons conhecimentos do trabalho.	Regular conhecimento, tendo que ser orientado.	Fraco conhecimento do trabalho, tendo que ser orientado o tempo todo.
4 - Sociabilidade Facilidade de adaptação ao convívio social e ao integrar-se com a equipe.	Adapta-se diante de qualquer situação. Demonstra ser integrado com o meio.	Frequentemente se adapta e integra-se nas mais variadas situações.	Possui facilidade na integração em determinados grupos e situações.	Atitude totalmente reservada.
5 - Relações Humanas Valoriza os aspectos humanos no relacionamento.	Valoriza o aspecto humano no relacionamento e preocupa-se com o respeito, ética e cordialidade com os membros da equipe.	Normalmente, dá prioridade ao fator humano como ética, respeito e cordialidade.	Em poucas situações valoriza o aspecto humano (ética, respeito e cordialidade).	Não apresenta preocupação com os aspectos humanos.
6 - Qualidade do Trabalho Apresenta exatidão e ordem no trabalho.	Excelente apresentação, ordem e exatidão no trabalho.	Com frequência, o trabalho é apresentado com ordem e exatidão.	Normalmente, o trabalho é apresentado em ordem e com exatidão.	Trabalho relaxado e com grande número de erros.

Variáveis	Ótimo	Bom	Regular	Fraco
7 - CUMPRIMENTO DAS METAS Atinge os resultados que lhe são propostos.	Apresenta plenamente os resultados esperados pela empresa.	Normalmente, os seus resultados são os esperados.	Apresenta os resultados parcialmente.	Dificilmente apresenta os resultados esperados nos trabalhos propostos.
8 - COOPERAÇÃO Disposição em colaborar com a equipe na obtenção dos objetivos do departamento.	Sempre está disposto a cooperar com o grupo.	Às vezes, colabora com o grupo.	Somente quando solicitado colabora com o grupo.	Não colabora com o grupo de trabalho.
9 - INICIATIVA E CRIATIVIDADE Capacidade de solucionar problemas em situações novas.	Sempre sugere soluções criativas em situações novas.	Às vezes, sugere soluções criativas em situações novas.	Sugere, porém sem muita criatividade.	Não sugere.
10 - PLANEJAMENTO DO TRABALHO Utiliza metodologia e planejamento em suas atividades.	Sempre atua baseado em planejamento e metodologias.	Na maioria dos trabalhos executados apresenta metodologia e planejamento.	Apenas em alguns trabalhos aplica metodologia e planejamento.	Realiza suas atividades sem planejamento, tornando-se desorganizado.
11 - ASSIDUIDADE Não apresenta faltas injustificadas no trabalho.	Não apresenta faltas ou atrasos.	Há ocorrências de faltas por problemas de saúde.	Apresenta esporadicamente faltas comunicadas.	Faltas sem comunicação ou atestado.
12 - RELACIONAMENTO COM A EQUIPE Integração no grupo, estabelece contato amistoso e participativo com os colegas de trabalho.	Em todos os momentos é prestativo com todos da equipe.	Adota uma atitude formal e cortês com todos da equipe.	Não permite a aproximação de membros da equipe.	Não se integra com a equipe. Toma atitudes individualistas.
13 - PRODUTIVIDADE Atinge as metas estabelecidas de produção.	Ultrapassa sempre a produção exigida executando de forma rápida.	Com frequência, ultrapassa o exigido.	Executa só o exigido.	Executa lentamente o trabalho e abaixo do exigido.
14 - INTERESSE PELO TRABALHO Executa as atividades com motivação e se compromete com o trabalho.	Mostra-se constantemente motivado. Aperfeiçoa as técnicas existentes.	Frequentemente está motivado.	Mantém interesse, porém executa só o solicitado.	Não demonstra interesse.
15 - ORGANIZAÇÃO E LIMPEZA Zela pela ordem do local de trabalho.	Pratica diariamente 5s no seu local de trabalho e ajuda no departamento como um todo.	Pratica diariamente 5s, somente no seu local de trabalho.	Esporadicamente pratica 5s[13] no seu local de trabalho.	Dificilmente organiza seu local de trabalho.

Quadro 3: Exemplo de variáveis utilizadas atualmente numa avaliação de desempenho.

[13] Refere-se aos ideogramas japoneses que refletem a filosofia de Descarte (*Seiri*), Organização (*Seiton*), Limpeza (*Seiso*), Higiene (*Seiketsu*) e Ordem mantida (*Shitsuke*).

Alguns indicadores que servem para avaliar o desempenho da empresa:

- **Objetivo:** forma de administrar da empresa, suas estratégias e os caminhos escolhidos para a excelência; refere-se à visão de futuro, missão e objetivos organizacionais.
- **Estrutura:** forma de divisão dos trabalhos; os papéis atribuídos às pessoas e a capacidade dos departamentos de atender às expectativas geradas no modelo de gestão.
- **Mudança:** disposição da empresa em adotar mudanças e processos de melhoria contínua.
- **Liderança:** envolvimento dos trabalhadores com a equipe e seu superior; refere-se ao reconhecimento da liderança interna, que mantém o equilíbrio na empresa.
- **Relacionamento:** forma como a empresa percebe os trabalhadores ao seu redor; refere-se à harmonia de relacionamentos e como os conflitos são tratados.
- **Qualidade das informações e trabalho:** respeito pela importância da qualidade, os recursos e informações disponibilizados para a realização das atividades.
- **Política de Recursos Humanos:** oferece oportunidades profissionais, pessoais e incentivos; refere-se à existência de condições favoráveis no âmbito salarial e desenvolvimento de carreira.

A área de Recursos Humanos propõe uma revolução em sua forma de administrar, com objetividade, metas e referências mensuráveis, quantitativas e qualitativas, disponibilizando informações para os gestores e os trabalhadores para que os esforços de mudanças, que visam melhorar o negócio, saiam do discurso e não se transformem em mais uma prática burocrática sem substância.

Estudo de Caso

Algumas alterações aconteceram na empresa desde que houve o processo de mudança. Com a ascendência do negócio, os médicos resolveram que era necessário diversificar as especialidades e investiram em novas máquinas para novos procedimentos.

Com isso, os funcionários precisaram conhecer novas formas de aplicação desses procedimentos e desenvolver novas práticas administrativas, para poderem acompanhar as novidades. Os cargos eram limitados e haveria a necessidade de buscar novos conhecimentos no mercado através de treinamento.

Para ajudar a empresa a transpor essa barreira, apresente um planejamento estratégico, que supra essas dificuldades e defina indicadores e instrumentos, para avaliar os resultados após o treinamento, que possibilite o desenvolvimento de carreira dos funcionários.

Cargos e Salários

O processo de Recursos Humanos - Cargos e Salários provoca as maiores preocupações quando implementado numa empresa. O fato de que qualquer trabalhador gostaria de ser bem recompensado pela execução de suas atividades aumenta a responsabilidade do processo de Recursos Humanos em elaborar um sistema que seja adequado tanto para a empresa quanto para o trabalhador.

Após a definição das características do cargo por parte do gestor em conjunto com a área de Recursos Humanos, pela descrição e análise, é importante levar em consideração a forma de recompensar cada cargo com justiça e respeitando a complexidade das atividades e as responsabilidades que o cargo exige. É um assunto complexo que merece atenção e uma sistemática que implica em focar o cargo e não as pessoas que irão ocupar a posição.

O cargo, quando bem definido, facilita a atribuição de valor, pois conforme sua característica, a experiência do mercado de trabalho e os recursos disponíveis pela empresa formam a base de apoio para a decisão do salário para contratação. Algumas políticas de cargos e salários privilegiam um salário contratual inicial e de tempos em tempos, conforme o desenvolvimento do trabalhador, é escalonado em faixas maiores para recompensar pelo alcance dos objetivos traçados pela empresa.

"O Cargo - A forma tradicional das organizações ordenarem e agruparem as tarefas atribuídas às pessoas que a compõem em um conjunto mais ou menos formal constitui um fato organizacional ao qual se convencionou chamar de 'cargo'." (PASCHOAL, 2001, p. 4)

Analisando as mudanças do mundo corporativo, existe uma tendência mundial que prevê a multifuncionalidade do trabalhador, ou seja, cada vez mais o cargo vai incorporando mais atributos e responsabilidades. O específico abre espaço para o generalista que compõe uma série de atividades adicionais, sem se prender ao mesmo local de trabalho, ampliando as possibilidades de desenvolvimento profissional das pessoas.

Desde os primórdios da relação capital x trabalho, o salário tem sido o elo de ligação entre o trabalhador e a empresa. A relação de troca existente entre o investimento aplicado pelo trabalhador (potencial, competências, habilidades e disponibilidades) e o reconhecimento financeiro por parte da empresa, ainda nos dias de hoje, é primordial numa negociação, ou seja, o salário é ainda um grande fator de motivação dos trabalhadores.

As pessoas precisam subsidiar suas necessidades básicas antes de mais nada, e por isso, o fator financeiro, a despeito de outros incentivos não menos importantes, pesa na relação de decisão quanto ao emprego. Certamente o salário proporciona tanto a satisfação quanto a insatisfação do trabalhador no posto de trabalho.

O salário é a contrapartida pelo serviço executado pelo trabalhador numa empresa; é estipulado pela empresa levando em consideração:

a) o ramo de atividade;

b) a estrutura organizacional de hierarquia (organograma);

c) as características dos processos de trabalho;

d) as necessidades quanto à descrição e análise do cargo;

e) as características do mercado da empresa;

f) os recursos disponíveis pela empresa.

> *"O Salário - A importância do salário pode ser analisada sob dois prismas distintos: o prisma do empregado e sobre o da organização. Para o empregado significa retribuição, sustento, padrão de vida, reconhecimento. Para a organização representa custo e fator influenciador do clima organizacional e da produtividade." (PASCHOAL, 2001, p.5)*

Em muitos casos, o funcionário desmotivado pressiona o seu superior imediato para que ele conceda um aumento de salário, e em outros casos, o próprio superior, sem preparo para o cargo, tenta compensar essa desmotivação buscando esta alternativa, sem critérios, avaliação ou algo que seja adequado ao planejamento estratégico da empresa. Por isso, a importância do processo de recrutamento, seleção e socialização organizacional para que o candidato, antes de iniciar as suas atividades, receba todas as informações necessárias, inclusive quanto à responsabilidade do cargo, à estrutura de salários e plano de carreira.

A área de Recursos Humanos deve estabelecer padrões de recompensas, que sejam de fácil entendimento e perceptíveis do ponto de vista em que o funcionário consiga estabelecer o seu planejamento e desenvolvimento de carreira e, ao mesmo tempo, atenda à legislação trabalhista que reza o assunto.

> *"São direitos dos trabalhadores urbanos e rurais, além de outros que visem à melhoria de sua condição social: Piso salarial proporcional à extensão e à complexidade do trabalho (Inciso V); Participação nos lucros ou resultados, desvinculada da remuneração, e, excepcionalmente, participação na gestão da empresa, conforme definido em lei (Inciso XI); Reconhecimento das convenções e acordos coletivos de trabalho (Inciso XXVI)." (CONSTITUIÇÃO, Artigo 7º)*

> *"Sendo idêntica a função, a todo trabalho de igual valor, prestado ao mesmo empregador, na mesma localidade, corresponderá a igual salário, sem distinção de sexo, nacionalidade ou idade. Parágrafo 1º - Trabalho de igual valor, para os fins deste capítulo, será o que for feito com igual produtividade e com mesma perfeição técnica, entre pessoas cuja diferença de tempo de serviço não for superior a*

dois anos. Parágrafo 2º - Os dispositivos deste artigo não prevalecerão quando o empregador tiver pessoal organizado em quadro de carreira, hipótese em que as promoções deverão obedecer aos critérios de antiguidade e merecimento." (CONSOLIDAÇÃO DAS LEIS DO TRABALHO, artigo 461)

Em muitas empresas existe um departamento específico de cargos e salários, responsável pela elaboração e controle da estrutura de cargos e planejamento de sistemas de remuneração que seja justo interna e externamente, respeitando as características e responsabilidades de cada cargo na empresa.

A estrutura de cargos e o planejamento de sistemas de remuneração seguem uma metodologia de definição:

- do perfil do cargo;
- da análise de cargos e salários;
- do organograma e respectiva hierarquia;
- do levantamento do perfil do cargo para a seleção de candidatos.

Perfil do Cargo

A análise de um cargo é um processo de informações sobre o que a pessoa faz e como ela deve ser para que seja possível determinar os deveres, responsabilidades, tarefas ou atividades do cargo. O cargo envolve conhecimentos, habilidades, capacidades e características de personalidade exigidos da pessoa que executa o trabalho.

A análise de cargos é fundamental para o processo de seleção, treinamento, avaliação de desempenho, sistemas de remuneração, saúde e higiene do trabalho.

Métodos de Coleta de Dados sobre o Cargo

A pesquisa para a coleta de dados sobre o cargo deve ser interna ou externa.

Pesquisa Interna

Os métodos mais comuns para traçar o perfil de um cargo são entrevistas, questionários, observação e anotações de trabalho que podem ser utilizados isoladamente ou em conjunto.

a) **Entrevista com o ocupante do cargo:** são perguntas feitas individualmente aos funcionários e respectivas chefias sobre o cargo que está sendo descrito. Tem a vantagem de sanar dúvidas de imediato e aprofundar o estudo.

b) **Questionário a ser preenchido pelo ocupante e chefia:** tanto os funcionários como suas chefias recebem um formulário para ser preenchido individualmente, com questões sobre deveres e tarefas, objetivo do trabalho, requisitos pessoais para o desempenho do cargo, ambiente físico, materiais utilizados e informações que envolvem saúde e segurança no trabalho.

c) **Observação *in loco*:** a pessoa responsável pela descrição do cargo observa as atividades dos funcionários registrando-as em formulário, padronizado. Muitas empresas fazem uso de gravações em vídeo para posterior análise.

d) **Anotações de trabalho:** é solicitado aos empregados que registrem por escrito suas atividades diariamente durante o período determinado.

Pesquisa Externa

Busca-se verificar como as empresas descrevem os cargos, levando-se em consideração para a pesquisa, empresas:

- do mesmo ramo de atividades;
- do mesmo porte;
- da mesma região geoeconômica.

Conceito de Cargo

Para que seja possível fazer a avaliação dos cargos, são necessárias a descrição e a análise de cargo.

Cargo é o conjunto de todas as funções similares numa organização. Para cada cargo pode haver uma ou mais pessoas. O cargo figura no organograma formal da organização.

> *"Um cargo é composto por um conjunto de atividades e deveres relacionados. Em termos ideais, os deveres de um cargo compreendem unidades naturais de trabalho similares e relacionadas. Eles devem ser claros e distintos no que se refere a outros cargos, para minimizar desentendimentos e conflitos e permitir que os funcionários identifiquem o que se espera deles. Para alguns cargos, podem ser necessários vários funcionários, cada um ocupando uma posição ou uma função distinta. Uma função ou posição implica diferentes deveres e responsabilidades desempenhadas apenas por um funcionário. Na biblioteca de uma cidade, por exemplo, quatro funcionários (quatro posições) podem estar envolvidos no atendimento ao público, mas todos têm o mesmo cargo (bibliotecário)." (BOHLANDER, 2003, p.30)*

Análise de Cargos e Salários

Cabe ao profissional de Recursos Humanos a função de analisar os cargos e elaborar um sistema de remuneração adequado às características da empresa de acordo com o mercado de trabalho.

Para chegar às faixas salariais, é necessário que os cargos sejam descritos, analisados e classificados conforme a hierarquia da empresa.

A análise de cargos comporta:

a) Escolha de fatores de avaliação, que segundo Chiavenato (2004, p. 209), leva em consideração:

- **Requisitos mentais:** escolaridade, experiência, iniciativa, complexidade, criatividade, julgamento, capacidade de análise etc.
- **Requisitos físicos:** habilidade manual, esforço físico, concentração, estresse etc.
- **Responsabilidades:** por pessoas, por dinheiro, por materiais, por produtos, por valores, por dados confidenciais etc.
- **Condições de trabalho:** riscos, monotonia, ambiente de trabalho etc.

b) Determinação dos pesos de cada fator e tratamento estatístico: cada fator terá um determinado peso. Para o devido tratamento estatístico, é necessário que uma pessoa especializada em análise de cargos e salários o faça.

Atualmente existem recursos adicionais como *softwares*, que através do peso dado a cada fator estabelece o tratamento estatístico, correlaciona com os dados externos e determina os salários a serem pagos e as respectivas faixas salariais. As boas empresas fornecedoras de *softwares* fazem um levantamento na empresa para adequar os programas à realidade da organização, orientam quanto ao período em que os cargos devem ser reavaliados e a legislação em vigor.

c) Determinação das faixas salariais, que são categorias ou disposição de salários em ordem crescente que servem para:

- critérios de contratação em experiência inicial;
- critérios para promoções;
- enquadramentos conforme as similaridades entre cargos;
- desenvolvimento de carreira.

Para determinar as faixas, é necessário considerar como fator crítico do sucesso de qualquer política de salários a média salarial praticada no mercado, no respectivo ramo de atividade da empresa, através de pesquisa, que apoiará o processo decisório quanto às faixas adequadas no determinado momento. Posteriormente, define-se a quantidade de faixas que melhor se enquadre ao planejamento de carreira da força de trabalho.

Organograma e Hierarquia

Os cargos estão relacionados ao organograma e à hierarquia das organizações. O organograma é o quadro representativo da posição formal de todos os cargos dentro da organização. Exemplo:

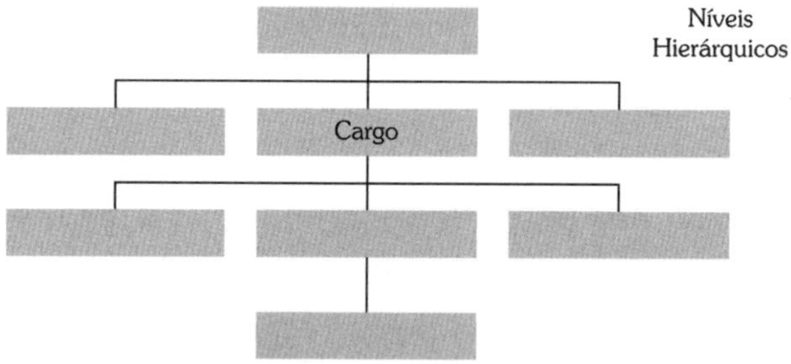

A leitura do organograma pode se dar:

- na horizontal, em que cada cargo está emparelhado a outros cargos do mesmo nível hierárquico;
- na vertical, em que se visualiza o departamento ou a hierarquia.

A hierarquia estabelece quem é oficialmente responsável pelas ações de quem, define a subordinação e os subordinados.

O Levantamento do Perfil do Cargo para a Seleção de Pessoal

No preenchimento de vagas, a fase que antecede o recrutamento de pessoal de qualquer empresa envolve o levantamento da cultura organizacional e o perfil do cargo, que mostra como deve ser a pessoa que vai ocupar a vaga. O objetivo é encontrar alguém que tenha o maior número de características compatíveis com o cargo, que atenda às necessidades da empresa e às suas próprias, uma vez que a pessoa, quando satisfeita, produz mais e melhor, minimiza conflitos e sofrimento dentro da organização em que atua.

O levantamento do perfil do cargo para a seleção de pessoal envolve:

a) Posicionamento do cargo no organograma da empresa: que mostra a denominação do cargo e informações sobre as pessoas que se relacionarão direta ou indiretamente com o futuro ocupante da vaga.

b) Descrição das tarefas a serem realizadas: são levantadas todas as tarefas que o futuro ocupante do cargo deverá realizar, desde as diárias até as ocasionais (como relatórios semanais, reuniões mensais etc.).

c) Aspectos pessoais do futuro ocupante do cargo:

- Descrição das habilidades, conhecimentos técnicos e gerais necessários ao desenvolvimento do cargo e da função.
- Características de personalidade compatíveis com a cultura organizacional (iniciativa, facilidades ou dificuldades em relacionamentos, em tomada de decisões, adaptação ou não ao trabalho de rotina ou de equipe, bom senso, tolerância à frustração, tolerância às pressões, comunicativo ou não etc.).

d) Exigências da empresa requisitante:

- Quanto aos dados pessoais: idade, escolaridade, sexo, estado civil, com ou sem experiência, horário de trabalho, disponibilidade ou não para viagens etc.
- Grau de responsabilidade (por pessoas, equipamentos, segurança, máquinas, valores, dados confidenciais).
- Horário e local de trabalho.

As exigências da empresa estão relacionadas com a sua história e suas experiências. Por exemplo: querer um *motoboy* com idade superior a 30 anos, pois teve problemas com mais jovens.

e) Condições oferecidas pela empresa requisitante:

- Salário.
- Benefícios (assistência médica, vale-transporte, vale-refeição, cesta básica, entre outros).
- Incentivos (plano de carreira, participação nos resultados alcançados, remuneração por habilidades e competências, bonificações etc.).

Observa-se que, atualmente, um grande número de empresas trabalha com prestadores de serviços: consultores, temporários, autônomos, estagiários, e que eles também passam pelo processo de recrutamento e seleção, portanto também serão avaliados pelo perfil estabelecido pela empresa.

Pelas várias utilizações dos dados contidos no perfil de cargo (seleção, remuneração, avaliação de desempenho, treinamento, higiene e segurança do trabalho), a pesquisa deve ser feita com cuidado e por profissional qualificado da área de Recursos Humanos.

Sistemas de Remuneração

Temas como salário, adicionais, benefícios, incentivos e recompensas organizacionais são tratados a seguir.

As pessoas trabalham em troca de alguma coisa: salário, *status*, poder, entre outras. Por outro lado, as organizações precisam das pessoas para atingirem seus objetivos organizacionais. A remuneração é o investimento que as empresas fazem em recompensa às pessoas que nela trabalham para atingirem seus objetivos. Para o trabalhador, as recompensas são vistas como o retorno dos recursos pessoais que foram investidos no trabalho.

Recompensas Organizacionais

As recompensas organizacionais são retornos dados aos funcionários em troca do trabalho prestado. Podem ser financeiras e não financeiras.

As financeiras podem ser:

- Salários e adicionais (comissões, horas extras, DSR sobre horas extras e outros);
- Férias, gratificações, gorjetas, décimo terceiro salário e outros que são pagos em dinheiro.

As não financeiras podem ser elogios, admiração, reconhecimento, segurança no trabalho, qualidade de vida, oportunidade de crescimento, orgulho da empresa e do trabalho, liberdade e autonomia no trabalho, entre outras que atendem às necessidades do ego e que não são pagas em dinheiro.

REMUNERAÇÃO TOTAL

A remuneração total é composta por salário, adicionais, benefícios e incentivos.

Salário

É a quantia que o empregado recebe do empregador, em dinheiro ou equivalente, pelos serviços que prestou durante um determinado período. O salário pode ser por hora, por mês, por tarefa.

> *Art. 457 da CLT - Compreendem-se na remuneração do empregado, para todos os efeitos legais, além do salário devido e pago diretamente pelo empregador, como contraprestação do serviço, as gorjetas que receber.*
>
> *§ 1º - Integram o salário, não só a importância fixa estipulada, como também as comissões, percentagens, gratificações ajustadas, diárias para viagens e abonos pagos pelo empregador.*
>
> *§ 2º - Não se incluem nos salários as ajudas de custo, assim como as diárias para viagem que não excedam de cinquenta porcento do salário recebido pelo empregado (red. L.1.999/53).*
>
> *§ 3º - Considera-se gorjeta não só a importância espontaneamente dada pelo cliente ao empregado, como também aquela que for cobrada pela empresa ao cliente, como adicional nas contas, a qualquer título, e destinada à distribuição aos empregados (red. DL 229/67).*

Devem ser observados convenções e acordos sindicais que determinam o piso salarial da categoria profissional.

A administração de salários dentro de uma organização é imprescindível para que ocorra a justiça em relação aos esforços e aos valores recebidos por estes. Também é relevante levar em consideração o ambiente externo, ou seja, como as concorrentes administram o salário do seu pessoal. A administração de salários compõe-se de um conjunto de normas e procedimentos utilizados para manter a estrutura de salários equitativos na organização que tenham equilíbrio interno (compatibilidade de salários dentro da organização) e externo (compatibilidade com o mercado).

Para obter o equilíbrio interno, é necessário fazer a avaliação e classificação dos cargos, que envolvem:

a) Análise do cargo:

- pela observação;
- entrevista com o ocupante do cargo;
- questionário a ser preenchido pelo ocupante;
- método combinado.

b) Fatores de avaliação:

- Requisitos mentais: escolaridade, experiência, habilidade analítica, criatividade, iniciativa etc.
- Requisitos físicos: esforço físico, habilidade manual, fadiga mental/visual, concentração, monotonia, pressão no trabalho, pressão emocional.
- Requisitos de responsabilidades: por material/produto, por ferramenta/equipamentos, por erros, por valores, por contratos, por subordinados, por dados confidenciais.

Para obter o equilíbrio externo, faz-se necessário realizar pesquisas salariais (o que o mercado está pagando). Para a pesquisa externa, devem ser feitas:

- Seleção de cargos;
- Seleção de empresas:
  - pela localização geográfica;
  - pelo ramo de atividade;
  - pelo tamanho;
  - pela política salarial.

Após as pesquisas interna e externa, é feito um tratamento estatístico. Os cargos passam a ser classificados e as faixas salariais estabelecidas. O profissional indicado para fazer análise de cargos e salários é o analista de cargos e salários ou um estatístico. Hoje contamos com *softwares* especializados no assunto.

Benefícios

São considerados como salário indireto ou como complemento ao salário, pois garantem a satisfação das necessidades básicas dos empregados. Os benefícios podem ser:

- **Compulsórios:** aqueles que atendem às exigências da lei ou de acordos coletivos de trabalho. São eles: 13º salário, salário-família, férias, aposentadoria, seguro de acidentes de trabalho, auxílio-doença, auxílio-maternidade etc.
- **Espontâneos**[14]**:** aqueles que as empresas oferecem aos empregados por vontade própria. São eles: restaurante, seguro de vida, assistência médica, transporte próprio, cesta básica, seguro de acidentes pessoais, veículo, clube, combustível, assistência odontológica, estacionamento, horário móvel, creche para os filhos, agência bancária no local do serviço e outros.

Observar que um benefício, que é espontâneo em uma empresa (por exemplo, creche), em outra pode ser compulsório (por exemplo, se um acordo coletivo colocá-lo como obrigatório).

Em muitas empresas, os benefícios que auxiliam na manutenção de baixos índices de rotatividade e ausências tornam as empresas mais competitivas no mercado (no que se refere à mão de obra qualificada) e estão relacionados com os aspectos de responsabilidade social da organização.

As origens dos benefícios devem-se a:

- competição entre as organizações na disputa para atrair os melhores profissionais (as pessoas costumam optar pelas empresas de acordo com os benefícios que oferecem);
- exigências dos sindicatos e dos acordos coletivos;
- exigências da legislação trabalhista e previdenciária;
- meios lícitos de dedução de impostos para as empresas;
- não recaírem encargos sociais sobre os benefícios, o que é uma grande vantagem para a empresa.

---

[14] Se o espontâneo ultrapassar 20%, incorpora ao salário e reflete nos ganhos (13º).

Existem planos flexíveis de benefícios. Nas empresas que os adotam, os empregados têm a opção de escolher, entre os benefícios disponíveis, aqueles que acham mais interessantes. No Brasil, são poucas as empresas que trabalham com planos flexíveis.

Incentivos Salariais

São programas para recompensar funcionários com bom desempenho (bônus, participação nos resultados etc.).

A remuneração variável está ligada ao conceito de incentivos salariais. Segundo Chiavenato (2004), os métodos de remuneração variável mais usados são:

- Planos de bonificação anual: é um valor monetário oferecido ao final de cada ano a determinados funcionários em função de sua contribuição ao desempenho da empresa.
- Distribuição de ações da empresa aos empregados: a distribuição do bônus é substituída por papéis da companhia. A empresa distribui ações gratuitamente a determinados funcionários ou vende a preços bem inferiores aos do mercado.
- Participação nos resultados alcançados: porcentagem ou fatia de valor com que cada pessoa participa dos resultados da empresa ou do departamento que ajudou atingir por meio do seu trabalho pessoal ou em equipe.
- Remuneração por competência (também conhecida por remuneração por habilidade ou por qualificação profissional) em que o sistema premia habilidade ou comportamento do funcionário. O foco é a pessoa, e não o cargo. Pessoas que ocupam o mesmo cargo podem receber salários diferentes de acordo com a sua competência.
- Distribuição de lucros: a empresa distribui anualmente entre seus funcionários uma certa proporção de seus lucros (regulamentada pela MP 794 de 1994 - já prevista na Constituição de 1946).

Decisões sobre o Plano de Remuneração

Além da análise de cargos e salários, para a elaboração de um plano de remuneração que seja justo, os seguintes fatores devem ser levados em consideração:

- Equilíbrio interno (coerência entre os salários dentro da própria empresa) x equilíbrio externo (coerência entre salários em relação aos mesmos cargos ocupados em outras organizações). Segundo Herzberg, salário é um fator higiênico, não motiva, mas se for injusto, causa insatisfação.
- A empresa deve decidir se vai pagar remuneração fixa (salário mensal ou por hora) ou remuneração variável (por resultados, participação acionária, comissões etc.) ou ambas.
- Deve decidir se recompensará as pessoas por desempenho ou por tempo de casa (dando triênios, uma porcentagem para cada três anos trabalhados; quinquênios, a cada cinco anos ou outro tempo estabelecido por ela).
- Decidir se a empresa trabalhará com a remuneração do cargo ou remuneração da pessoa (remuneração por competências).
- Remuneração abaixo ou acima do mercado (se for abaixo, deve recompensar com benefícios para não perder ou atrair mão de obra qualificada).
- Se irá trabalhar com prêmios monetários (incentivos) ou não monetários (recompensas não financeiras).
- Se usará remuneração aberta (todos sabem quanto os outros ganham) ou remuneração confidencial.

Desde a história da administração empresarial, o valor aplicado ao esforço produzido pelo homem no posto de trabalho vinha sendo objeto de estudos, pois uma variedade de incentivos financeiros, além do salário, não despertava a motivação necessária para atingir metas estabelecidas pela empresa.

A remuneração não representava a percepção de valor que o trabalhador esperava, como:

- percepção de futuro na empresa em termos de desenvolvimento pessoal e profissional;
- metas objetivas que representassem aperfeiçoamento das capacidades e habilidades;
- satisfação plena no cargo;
- orgulho por trabalhar na empresa;
- realização pelo trabalho executado e respectivo reconhecimento pelo seu superior imediato;
- participação nos projetos de melhoria contínua.

As empresas começaram a perceber que não só os incentivos financeiros eram suficientes para alavancar as suas metas e objetivos estratégicos, por isso o tema remuneração é tão complexo nos meios empresariais, sendo o mais importante elo de ligação entre a empresa e o trabalhador.

Daí a necessidade de criar sistemas de remuneração capazes de preencher essas lacunas, que fazem a diferença para o comprometimento das pessoas com o negócio da empresa e estarem realmente inseridos nos postos de trabalho.

O investimento das pessoas na empresa precisa ser não menos importante quanto à capacidade de recompensa que a empresa puder dar para cada cargo e cada pessoa envolvida, satisfazendo as partes com justiça, respeitando as igualdades e tratando o desempenho individual com a mesma justiça, fazendo com que as pessoas entendam as diferenças.

As pessoas precisam ser remuneradas pela sua disposição em contribuir com o sucesso da empresa, através dos seus conhecimentos, habilidades, competências e comportamentos no ambiente de trabalho. O valor que a pessoa representa para a empresa deve ser a base de cálculo para a sua valorização, que é uma tendência que já está se tornando prática em grandes empresas no mundo.

O que as empresas não devem é remunerar sua força de trabalho apenas por metas fixas e efêmeras, que incorporam ao dia do trabalhador e perdem o objetivo, e sim, incentivá-los a conquistar metas cada vez maiores para o futuro. Um desafio que deve acompanhar uma estrutura salarial e um processo de comunicação eficientes, que valorize a participação de todos no processo de geração de negócios e que a remuneração seja compatível com o crescimento da empresa.

Os sistemas de remuneração precisam estar relacionados com o desenvolvimento da empresa, sem permanecerem estáticos como a cultura organizacional. Cada um tem que se aperfeiçoar frente às mudanças ocorridas e às que ocorrerão, pois desta forma é que as empresas poderão fazer a diferença no mercado competitivo de trabalho, com uma força de trabalho comprometida com o seu sucesso.

Estudo de Caso

Justiça interna e competitividade externa são a marca de um projeto de Cargos e Salários e Sistemas de Remuneração. Quanto aos cargos, é imprescindível que as ações reflitam essa realidade, numa postura administrativa estratégica que valorize os funcionários.

Valorizar um cargo requer um trabalho técnico bem equilibrado, em que a responsabilidade profissional esteja em foco, além disso, esse equilíbrio deve refletir no cargo, no homem e no salário, pois somente assim a empresa conseguirá a credibilidade dos funcionários e a retenção deles a longo prazo.

Busque refletir sobre o capítulo e apresente uma estratégia para valorizar os cargos existentes nessa empresa médica.

Higiene: Medicina e Segurança do Trabalho

Estudos apontam que os índices de doenças e mortalidade variam consideravelmente entre pessoas em diferentes ocupações. Cada ocupação é estudada quanto ao risco que pode provocar à saúde do trabalhador. O quadro seguinte mostra a relação entre algumas doenças e a ocupação do trabalhador.

Doenças	Ocupações
Infecções, contágios	Dentista, enfermeiro(a), médico e outros profissionais da saúde.
Perdas auditivas	Carregador de bagagens em aeroportos, músico e outros trabalhadores expostos a ambientes ruidosos (acima do permitido pela legislação em decibéis).
Doenças respiratórias	Dedetizador, oleiro, carvoeiro e outros trabalhadores expostos a poeiras nocivas à saúde.
Lesões por Esforços Repetitivos (LER)	Digitador, operador de máquinas, merendeira e outros trabalhadores que, por características do cargo, exercem movimentos habituais e corriqueiros.
Reumáticas e outras doenças relacionadas à exposição ao calor ou frio excessivo	Trabalhadores que estão expostos a temperaturas extremas.

Na relação entre doença e trabalho, conclui-se que o ambiente de trabalho contribui de várias maneiras para a saúde física e o bem-estar psicológico dos funcionários. Doenças ocupacionais e acidentes de trabalho podem ser administrados e prevenidos. Quando acontecem, geram custos elevados para as empresas e as pessoas.

Higiene do Trabalho

Refere-se a um conjunto de normas e procedimentos que visa à proteção da integridade física e mental do trabalhador, preservando-o dos riscos de saúde inerentes às tarefas do cargo e ao ambiente físico onde são executadas as tarefas.

A higiene do trabalho está relacionada à profilaxia, prevenção de doenças e acidentes. Envolve as responsabilidades legais e morais de assegurar um local de trabalho livre de riscos desnecessários e de condições ambientais que possam provocar danos à saúde física e mental do trabalhador.

Programas de Higiene

Os programas de higiene do trabalho (que vão determinar as medidas a serem tomadas para preservar a saúde do trabalhador ou evitar acidentes) são desenvolvidos de acordo com o ramo de atividades da empresa. Os programas mais comuns são:

No ambiente físico de trabalho

- Adequação da iluminação (luz) no ambiente de trabalho;
- Adequação da ventilação, principalmente em ambientes poluídos (sugere-se a colocação de exaustores para corrigir esse ambiente insalubre);
- Alternativas para o trabalho em temperatura extremada: muito frio, como nos frigoríficos, ou muito calor, como nas têmperas de vidro (sugere-se o uso de capas térmicas e/ou impermeáveis);
- Locais com ruído excessivo: uso de protetores auriculares ou salas acústicas (como nos aeroportos);
- Substâncias tóxicas (poeiras ou substâncias corrosivas): uso de luvas e máscaras conforme a atividade da substância no organismo;
- Capacetes de segurança, protetor facial, máscara com filtro, luvas, óculos de segurança, entre outros, são chamados de Equipamentos de Proteção Individual (EPI). São de uso obrigatório para determinadas ocupações e devem ser oferecidos gratuitamente pela empresa.

No ambiente psicológico de trabalho

Segundo Chiavenato (2004, p.431), estão relacionados ao ambiente psicológico de trabalho:

- Relacionamentos humanos agradáveis;
- Tipo de atividade agradável e motivadora;
- Estilo de gerência moderada e gregária;
- Eliminação de possíveis fontes de estresse.

Na ergonomia

A ergonomia é uma ciência composta de um conjunto de conhecimentos destinados a adaptar e adequar ao homem:

- Máquinas e equipamentos;
- Mobiliários e instalações;
- Ferramentas e utensílios;
- Salas e ambientes físicos.

Saúde Ocupacional

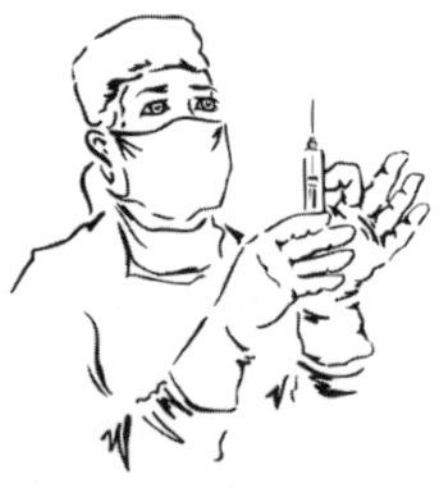

Saúde é um estado de bem-estar físico, mental e social (relações entre corpo, mente e padrões sociais). A saúde de um empregado pode ser prejudicada por doenças, acidentes ou estresse.

> *"Os principais problemas de saúde nas organizações estão relacionados com: 1) Alcoolismo, dependência química de drogas, medicamentos, fumo, etc.; 2) AIDS é a síndrome da deficiência imunológica adquirida que ataca o sistema que protege o organismo de doenças; 3) Estresse no trabalho; 4) Exposição a produtos químicos perigosos, como ácidos, asbestos, etc.; 5) Exposição a condições ambientais frias, quentes, contaminadas, secas, úmidas, barulhentas, pouco iluminadas, etc.; 6) Hábitos alimentares inadequados: obesidade ou perda de peso; 7) Vida sedentária, sem contatos sociais e sem exercícios físicos; 8) Automedicação, sem cuidados médicos adequados." (CHIAVENATO, 2004, p. 432)*

O Programa de Controle Médico e Saúde Ocupacional (PCMSO) é obrigatório e cuida do controle dos exames médicos exigidos pela Legislação Trabalhista, Previdenciária, de Segurança e Medicina do Trabalho.

As empresas precisam contratar um médico do trabalho (registro em carteira ou terceiro habilitado) para ser o responsável pelo cronograma de ações em conjunto com os Recursos Humanos.

Os exames médicos exigidos pela legislação são os seguintes:

- exame admissional (quando o funcionário é admitido na empresa);
- exames periódicos (estipulados pelo médico responsável);
- exame de retorno ao trabalho (quando há afastamento do funcionário);
- exame por ocasião de mudança de cargo;
- exame demissional (quando o funcionário é desligado da empresa tanto como demissionário quanto demitido).

> ***Observação****: Algumas empresas mantêm em suas dependências, além do Programa de Controle Médico e Saúde Ocupacional (PCMSO), um ambulatório médico aparelhado com o objetivo de promover os primeiros atendimentos em virtude de acidentes, doenças e outros auxílios. Cabe ao médico do trabalho orientar os atendimentos necessários.*

Jornada de Trabalho

São dignos de atenção especial os turnos da noite e turnos excessivos, que podem ultrapassar o permitido pela legislação.

Jornada de Trabalho Noturno

No Brasil, a jornada de trabalho normal não pode ser superior a oito horas diárias e 44 horas semanais. Não é permitido suplementar atividades além da jornada normal diária, que ultrapassem duas horas; também o intervalo entre uma jornada de trabalho e outra não pode ser inferior a 11 horas. É considerada jornada de trabalho noturno do trabalhador urbano, diferente do período do trabalhador rural, aquela que se inicia às 22 h e termina às 5 h do dia seguinte.

Muitas empresas e organizações como hospitais e delegacias de polícia funcionam em turnos ininterruptos de 24 horas (é exceção para algumas atividades, mas que têm leis próprias). Cabe à empresa oferecer a melhor alternativa de trabalho para os funcionários, para que não infrinja as tolerâncias previstas na legislação vigente.

Outras empresas optam por horários fixos (o mesmo horário todos os dias) ou horários rotativos. As pesquisas de Barton e Folkard (apud SPECTOR, 2002, p.287) constataram que funcionários que trabalham temporariamente em turnos da noite tinham maiores problemas relacionados ao sono do que aqueles que trabalhavam no período diurno. Até por isso, o empregado noturno, quando muda para o período diurno, nunca tem o adicional somado à remuneração, que é a indenização pela supressão salarial, como existe com a jornada extraordinária, uma vez que, mesmo tendo o salário diminuído, os benefícios à saúde são maiores. Relevância ao Princípio Protetor da CLT.

Os problemas que ocorrem com frequência para as pessoas que trabalham à noite são:

- sono não reparador;
- barulho cotidiano (carros, pessoas);
- alteração nos ritmos circadianos (mudanças na temperatura do corpo e níveis anormais de hormônios na corrente sanguínea);
- problemas digestivos;
- problemas sociais (isolamento da família e dos amigos).

Segundo Totterdell, Spelten, Smith, Baron e Folkard, 1995 (apud SPECTOR, 2002, p.288), uma solução para os efeitos do período noturno é permitir vários dias consecutivos de descanso por semana; outros, recomendam um revezamento periódico entre turnos para evitar os males da jornada noturna.

Jornada Excessiva

Algumas empresas não obedecem à legislação e submetem seus trabalhadores a uma jornada de trabalho que excede o permitido. Os trabalhadores, sem perceber a insalubridade desse ato, expõem-se aos riscos quanto à sua integridade física e mental.

A jornada de trabalho viável à saúde para a maioria das pessoas é no período compreendido entre a manhã e tarde, preferencialmente e no máximo de oito horas de trabalho. Porém, algumas ocupações exigem, por força de legislação específica, menos horas/dia, como é o caso da telefonista, e outras exigem jornadas mais longas, tidas como jornadas de revezamento, como médicos, enfermeiros, porteiros, seguranças, vigilantes, vendedores do comércio, motoristas de viagem etc. Aos cargos de confiança também não se exige o máximo de oito horas diárias.

Os problemas gerados pela jornada de trabalho excessiva são a fadiga e o estresse. No Brasil, observa-se ainda que muitos profissionais que trabalham 12 horas não descansam o correspondente, como é o caso de muitos médicos, enfermeiros e policiais que, devido aos salários, acabam trabalhando em mais de um local (empresa e particular, por exemplo).

Segundo Spector (2002, p.289), o Conselho Europeu, por exemplo, adotou regras em meados da década de 1990, restringindo as horas de trabalho nos países membros, incluindo o máximo de horas de trabalho por dia e por semana (13 e 48 horas respectivamente).

Segurança do Trabalho

Conjunto de medidas que tem por objetivo a prevenção de acidentes e a eliminação de causas de acidentes no trabalho.

> *"Segurança do trabalho é o conjunto de medidas técnicas, educacionais, médicas e psicológicas utilizadas para prevenir acidentes, quer eliminando as condições inseguras do ambiente, quer instruindo ou convencendo as pessoas da implementação de práticas preventivas.*
>
> *Segurança do trabalho está relacionada com condições de trabalho seguras e saudáveis para as pessoas." (CHIAVENATO, 2004, p.438)*

É regida por Normas Regulamentadoras (NRs), constantes na Consolidação das Leis do Trabalho (CLT), que obrigam as empresas a coordenarem esforços para eliminarem as condições inseguras e reduzirem os atos inseguros.

O acidente é um acontecimento involuntário. Segundo Chiavenato (2004, p.442), existem duas causas básicas de acidente de trabalho: as condições e os atos inseguros.

- um ato inseguro (provocado pelo trabalhador, como um movimento errado, uma atitude impensada etc.);
- uma condição insegura (escada quebrada, pilha de material em desequilíbrio, falta de equipamento de proteção etc.).

Os acidentes de trabalho são classificados em:

- acidentes sem afastamento;
- acidentes com afastamento:
  - incapacidade temporária (período menor que um ano);
  - incapacidade parcial permanente (período maior que um ano);
- incapacidade permanente total;
- morte do empregado.

Prevenção de Acidentes

Conforme a CLT e as Normas Regulamentadoras, as empresas devem instituir uma comissão formada pelos próprios funcionários, eleita pelo voto e com o objetivo de fiscalizar, apontar os problemas e propor soluções sobre os assuntos relacionados com a segurança. Ela recebe o nome de Comissão Interna de Prevenção de Acidentes (CIPA) e, invariavelmente, é subordinada ao planejamento estratégico da área de Recursos Humanos.

A CIPA é formada por representantes eleitos dos empregados (50%) e eleitos pelo empregador (50%). Os representantes eleitos garantem uma estabilidade que acompanha o período de vigência da comissão.

Os acidentes podem ser evitados por meio de:

- Eliminação das condições inseguras;
  - uso da ergonomia, adaptando mobílias, maquinários e objetos ao homem;
  - cuidados com o ambiente físico;
  - fornecer Equipamentos de Proteção Individual (EPIs).
- Redução dos atos inseguros:
  - educação;
  - treinamento;
  - uso de Equipamento de Proteção Individual (EPIs);

  - uso do reforço positivo, reforço negativo e punição;
  - processo de seleção de pessoal.

Percebe-se que está muito presente a preocupação com o bem-estar geral e a saúde dos funcionários no desempenho de suas atividades nas empresas. Fatores que estão em discussão permanente no processo decisório estratégico nas empresas:

- condições ambientais;
- controle médico dos funcionários;
- agentes nocivos;
- riscos à saúde ocupacional;
- ergonomia;

- Lesões por Esforços Repetitivos (LER);
- sobrecarga de atividades;
- pressão no trabalho;
- alimentação;
- manutenção preventiva de máquinas e equipamentos;
- relacionamentos entre os gestores e subordinados;
- qualidade de vida;
- qualidade e produtividade.

Determinar o ponto de equilíbrio entre a necessidade de produzir produtos ou serviços, que atendam às necessidades e satisfaça os consumidores, e a percepção dos parceiros quanto ao desenvolvimento do seu potencial humano, num ambiente saudável e propício, vem demonstrando o quanto as empresas podem ser competitivas, administrando com a força de trabalho satisfeita primeiramente.

A visão estratégica dos Recursos Humanos, quando direcionada para estes fatores, fortalece sobremaneira o planejamento estratégico organizacional como um todo, pois quanto mais forem discutidas e compartilhadas com as pessoas as decisões sobre segurança do trabalho, menos incertezas e condições inseguras haverá.

O processo de treinamento, aconselhamento e acompanhamento contínuo das pessoas é que facilitará a implementação de políticas adequadas para diminuir a incidência de afastamentos ou ausências nos postos de trabalho, fatores importantes de prejuízos financeiros, humanos, psicológicos e sociais.

Estresse, Clima Organizacional e Qualidade de Vida no Trabalho

Estresse, clima organizacional e qualidade de vida são interdependentes dentro das organizações.

Estresse

O estresse tem sido uma das principais preocupações no que se refere à saúde do trabalhador. Se as empresas e a sociedade continuarem negligenciando e não tomarem as devidas providências, terão de enfrentar um verdadeiro surto de estresse.

Conceituação de Estresse

O conceito de estresse varia de acordo com o pesquisador. A maioria concorda que um nível baixo de estresse é até necessário e, muitas vezes, melhora o desempenho no trabalho. Porém, quando o nível de estresse atinge patamares elevados, os problemas causados são gravíssimos.

> *"Estresse é o conjunto de relações que o organismo desenvolve ao ser submetido a uma situação que exige esforço e adaptação." (Hans Selye apud CARVALHO, 2002)*
>
> *"O estresse é uma condição dinâmica na qual o indivíduo é confrontado com uma oportunidade, limitação ou demanda em relação a alguma coisa que ele deseja e cujo resultado é percebido, simultaneamente, como importante e incerto." (ROBBINS, 2002, p. 548)*
>
> *"O estresse pode ser entendido como o ponto em que o indivíduo não consegue controlar os seus conflitos internos, gerando um excesso de energia, originando, consequentemente, fadiga, cansaço, tristeza, euforia, etc. Seu processo orgânico sofre alterações diante das transformações químicas ocorridas diante deste estado emocional." (CARVALHO, 2002, p. 125)*

Como doença, o estresse é um processo que se desenvolve ao longo do tempo, quando há exigências de esforço e adaptação diante de situações incertas. O estresse afeta e compromete o físico, o emocional e o comportamental. Seu grau é dependente da personalidade da pessoa, da maneira como a pessoa percebe as coisas e a vida.

Causas do Estresse

O avanço tecnológico, as mudanças aceleradas, globalização, entre outros produtos de nossa época, trouxeram novas exigências, e com elas a necessidade de atualização constante. Estes fatores, em conjunto, resultaram:

- diminuição de salários;
- competitividade;
- pressão para atingir metas;
- lidar com possível demissão;
- preocupação excessiva com a profissão;
- aumento das horas trabalhadas;
- conflito com chefia e colegas de trabalho;
- falta de tempo/motivação para o lazer;
- falta de tempo para si mesmo;
- distância da família/sentimentos de culpa;
- quebra de valores humanos e familiares.

Os fatores citados têm sido apontados como os principais desencadeadores de estresse.

A citação seguinte aponta um quadro atualmente comum:

> *"Todos sabemos que o estresse dos funcionários vem se tornando um problema cada vez maior nas organizações. Ouvimos notícias sobre o carteiro assassinando colegas e supervisores e depois ficamos sabendo que as causas disso foram, principalmente, as tensões do trabalho. Amigos se queixam de estar trabalhando muito mais, com*

cargas e horários cada vez maiores, por causa do 'enxugamento' de suas empresas. Lemos pesquisas nas quais os funcionários reclamam do estresse criado pela necessidade de equilibrar responsabilidades do trabalho com as familiares." (ROBBINS, 2002, p. 548)

Sintomas do Estresse

Os sintomas do estresse podem ser físicos, como o cansaço, por exemplo; psicológicos, como ansiedade, depressão, insatisfação com o trabalho, frustração; e comportamentais, a pessoa com estresse sente enorme dificuldade em tomar decisões simples e cotidianas, falta ao trabalho, apresenta impossibilidade de lidar com mudanças, eleva sua agressividade, baixa a produtividade, entre outros.

Fases do Estresse

Para a maioria dos estudiosos, o estresse passa por três fases:

- **1ª fase:** a pessoa apresenta mau humor, inquietação, agressividade.
- **2ª fase:** adapta-se à fase anterior, permitindo a instalação do estresse. É uma fase de alerta e a conscientização do problema pode levar a pessoa a mudar.
- **3ª fase:** doenças e desordem psíquica.

Tratamento

O tratamento para quem alcançou a terceira fase envolve medicação, psicoterapia e terapia ocupacional.

Medidas Tomadas pela Empresa com Relação ao Estresse

As empresas têm adotado como medidas:

- palestras/*workshops* educativos;
- mudanças de hábito;

- academias, contratação de profissionais que elaboram exercícios físicos não competitivos;
- criação de salas de bem-estar;
- aplicação de técnicas de relaxamento;
- expansão da rede de apoio social.

É importante salientar que essas medidas são paliativas, pois não se dirigem às causas do estresse que estão relacionadas não apenas ao ambiente de trabalho, mas também aos ambientes políticos, sociais e econômicos.

Clima Organizacional

O clima organizacional refere-se às relações humanas dentro do trabalho, que contribuem para a satisfação ou insatisfação com o trabalho.

> *"O clima organizacional reflete como as pessoas interagem umas com as outras, com os clientes e fornecedores internos e externos, bem como o grau de satisfação com o contexto que as cerca. O clima organizacional pode ser agradável, receptivo, caloroso e envolvente, em um extremo, ou desagradável agressivo, frio e alienante em outro." (CHIAVENATO, 2004, p. 504)*
>
> *"O nível de sinergia existente em um sistema organizacional dependerá das energias emanadas por este sistema, via intercâmbios ambientais, cujo conjunto de elementos gradativamente delineiam o quadro geral das interações sociais. Tais interações refletem um conjunto de possibilidades que vão desde as relações facilitadoras como cooperação, colaboração e participação, até as relações que impedem seu funcionamento adequado, ou seja, conflitos não administrados e competições exacerbadas, rivalidade, disputa pelo poder.*
>
> *O conjunto dessas relações e interações sociais, aliado aos papéis profissionais desempenhados pelos indivíduos e grupos, as condições mercadológicas, a tecnologia empregada e o estilo de gestão refletirão as possibilidades de sucesso das organizações, à medida que houver condições que propiciem um intercâmbio entre, de um lado, os papéis instituídos e as expectativas dos sujeitos decorrente de suas*

necessidades e, de outro lado, as condições emergentes do contexto social mais amplo: governo, concorrentes, fornecedores, clientes etc. Ao nos apropriarmos de expectativas, anseios e necessidades dos funcionários e do conjunto das respectivas relações interpessoais, poder-se-á identificar e compreender o clima organizacional presente de um dado momento do contexto organizacional.

Quando se consegue criar um clima organizacional que propicie a satisfação de seus participantes e que canalize seus comportamentos motivados para a realização dos objetivos da organização, simultaneamente, tem-se um clima propício ao aumento da eficácia da mesma." (KANAANE, 1999, p.40)

Estar atento ao clima organizacional é buscar alternativas para que a insatisfação não ocorra e a produtividade continue. Por esta razão, as empresas costumam fazer pesquisas de clima organizacional. Segundo Chiavenato (2004, p.504), "As pesquisas de clima organizacional procuram coligir informações sobre o campo psicológico que envolve o ambiente de trabalho das pessoas e a sua sensação pessoal neste contexto".

Medidas do Clima Organizacional

O clima organizacional pode ser medido por meio de:

a) Índices de absenteísmo, rotatividade e demissão. As empresas têm índices esperados para esses fatores. Quando esses índices estão alterados, buscam as causas para evitar maiores problemas, principalmente a queda do clima organizacional.

b) Avaliações de desempenho: por estarem relacionadas à satisfação com o trabalho. Quando os resultados começam a cair, podem indicar problemas nas relações interpessoais e automaticamente no clima organizacional.

c) Entrevistas e questionários aplicados aos empregados quanto ao que agrada e desagrada na organização.

d) Caixas de reclamações/sugestões espalhadas na organização ou linha 0800 para denúncias e sugestões anônimas. Algumas empresas, quando possuem páginas na Internet, colocam esse serviço anônimo.

e) Algumas empresas contratam o *ombudsman* (indivíduo indicado a quem os funcionários podem procurar para aconselhar-se sobre a resolução de suas queixas. Palavra de origem sueca: ouvidor, mediador entre o público/funcionários - estado/empresas).

QUALIDADE DE VIDA NAS ORGANIZAÇÕES

A qualidade de vida dentro das organizações está relacionada aos aspectos físicos, psicológicos e sociais que envolvem a pessoa.

Programas de Qualidade de Vida

São inúmeros os programas que envolvem a qualidade de vida elaborados pelas organizações. Os mais frequentes são:

- palestras sobre orientação, prevenção e controle de doenças, como: diabetes, câncer, obesidade, postura corporal, AIDS etc.;
- palestras antitabagismo, drogas e alcoolismo;
- palestras e treinamentos sobre prevenção de acidentes;
- palestras e treinamentos sobre reeducação de hábitos.

Elaboração de Programas de Qualidade de Vida

Os programas de qualidade de vida são elaborados pela própria empresa ou por empresas contratadas e devem:

- envolver a coleta de dados;
- ser elaborados de acordo com a necessidade da organização e dos funcionários;
- ser avaliados para surtir bons resultados;
- ser conduzidos por pessoas experientes, especializadas e treinadas;
- ter recursos e linguagem adequados à população atendida.

Estudo de Caso

Com o sucesso das novas especialidades, novos procedimentos e as práticas administrativas, a empresa vem continuamente desenvolvendo novos negócios, excedendo, em muito, as expectativas dos seus sócios. Os clientes passaram a ser mais exigentes quanto ao atendimento e percebem quando um ambiente está limpo, arejado e em condições de perfeita segurança.

Os funcionários também percebem isso, principalmente porque passam grande parte do dia nela. Com o crescimento da empresa, alguns aspectos têm sido negligenciados quanto à higiene, medicina e segurança.

Além disso, observou-se que têm havido índices de estresse associados à desmotivação dos funcionários, quanto aos propósitos da empresa. Alguns conflitos entre as secretárias e os subordinados têm sido marcantes nos últimos meses. Alternativas foram propostas para amenizar o conflito, sem que houvesse resultados favoráveis que melhorassem o clima da empresa.

Com relação a este quadro empresarial, apresente uma proposta concreta para ajudar a melhorar o nível de desmotivação dos funcionários e do clima organizacional nesse momento.

Exercícios

1. Você acaba de contratar um novo colaborador. Como ele será inserido na organização?
2. Construa um Manual de Integração do Colaborador que deve conter a história da organização, sua visão, missão, valores, breve histórico das filiais, os direitos e os deveres do colaborador.
3. A empresa em que você trabalha está lançando um novo produto e você terá de tomar todas as providências para o treinamento dos vendedores. Descreva como será o treinamento, tendo como base as etapas básicas do processo de treinamento.
4. Você será responsável pela avaliação do desempenho dos vendedores da empresa. Descreva os indicadores de desempenho e com eles construa a tabela do método Escalas Gráficas.

5. Você vai trabalhar com uma agência de turismo que acaba de ser constituída e conta com poucos recursos financeiros no início das atividades. A empresa tem como projeto implantar a remuneração total e pede ajuda a você. Responda:
   a. Como você pesquisaria externamente os salários?
   b. Com poucos recursos, que benefícios você sugere que ela implante?
   c. Quais incentivos ela poderia usar?
6. Elabore um programa de higiene para uma empresa de telemarketing.
7. A empresa Y trabalha com produtos agrotóxicos. Elabore um programa de qualidade de vida para o pessoal da área operacional.
8. Pesquise a NBR ISO 10015 - Diretrizes de Treinamento. Na organização onde você trabalha, avalie os processos de definição de necessidades de treinamento, projeto e planejamento de treinamento, execução do treinamento, avaliação dos resultados do treinamento e monitoração.
9. Qual a importância dos indicadores de desempenho para a avaliação de desempenho do empregado na organização?
10. Elabore uma pesquisa sobre a importância da NR 7 (PCMSO - Programa de Controle Médico e Saúde Ocupacional) e da NR 9 (PPRA - Programa de Prevenção de Riscos Ambientais) para a área de Recursos Humanos.

Bibliografia

BANOV, M.R. **Ferramentas da psicologia organizacional**. 2. ed. rev. e atual. São Paulo: Cenaun, 2004.

_______. **Psicologia no gerenciamento de pessoas**. São Paulo: Atlas, 2008.

BASTOS, A.V.B. O suporte oferecido pela pesquisa na área de treinamento. *Revista de Administração*, 26(4), 87-102, outubro/dezembro, 1991.

BOHLANDER, G.W. **Administração de recursos humanos**. São Paulo: Pioneira Thomson Learning, 2003.

CARVALHO, A.V.; SERAFIM, O.C.G. **Administração de recursos humanos**. São Paulo: Pioneira, 2002.

CHIAVENATO, I. **Gestão de pessoas:** *o novo papel dos recursos humanos na organização*. 2. ed. Rio de Janeiro: Elsevier, 2004.

DUBRIN. A.J. **Fundamentos do comportamento organizacional**. São Paulo: Pioneira Thomson Learning, 2003.

FIDELIS, G.J. **Rotinas trabalhistas e dinâmicas do departamento de pessoal**. São Paulo: Érica, 2006.

GOLDSTEIN, I. L. **Training in work organizations**. In Dunnette e Hough Handbook of Industrial and Organizational Psychology. 2nd ed., p.507-619). Califórnia: Consulting Psychology Press, 1991.

KANAANE, R. **Comportamento humano nas organizações:** *o homem rumo ao século XXI*. 2. ed. São Paulo: Atlas, 1999.

LATHAM, G. P. **Human resource training and development**. Annual Review of Psychology, 39, 545-582, January, 1988.

MARRAS, J.P. **Administração de recursos humanos:** *do operacional ao estratégico*. São Paulo: Futura, 2002.

MILKOVICH, G.T.; BOUDREAU, J.W. **Administração de recursos humanos**. São Paulo: Atlas, 2000.

NADLER, L. **The handbook of human resource development**. New York: Wiley, 1984.

PASCHOAL, L. **Administração de cargos e salários:** *manual prático e novas metodologias*. 2. ed. Qualitymark: 2001.

ROBBINS, S.P. **Comportamento organizacional.** Rio de Janeiro: LTC, 1999.

_______. **Comportamento organizacional**. São Paulo: Prentice-Hall, 2002.

SCHIRATO, M.A.R. **Empresa não é mãe**. Revista Veja, São Paulo: Abril, 14 abr 1999: p. 11-13.

SPECTOR, P.E. **Psicologia nas organizações**. São Paulo: Saraiva, 2002.

TERRA, J.C.C. **Gestão do conhecimento:** *o grande desafio empresarial*. 2. ed. São Paulo: Negócio, 2001.

WAGNER III, J.A.; HOLLENBECK, J.R. **Comportamento organizacional:** *criando vantagem competitiva*. São Paulo: Saraiva, 1999.

5

A Saída da Organização

Assuntos abordados neste capítulo:

- *Absenteísmo*
- *Rotatividade de Pessoal*
- *Rescisão do Contrato de Trabalho*
- *Aposentadoria*
- *Empregabilidade*

Aspectos relacionados à segurança no emprego é tema de discussão no mundo inteiro, principalmente com a alta das taxas de desemprego assolando os países. As empresas modernizam suas estruturas formais e informais, para poderem sobreviver num mercado selvagem e cada vez mais processos são novamente desenhados, na busca de obter o máximo com menos força de trabalho.

A cada dia este cenário torna-se mais visível com as demissões nas empresas. Nota-se que o tempo de permanência das pessoas nas empresas vem diminuindo gradativamente, por fatores que vêm intervindo na saída dessas pessoas, como o absenteísmo, a rotatividade, causando a saída das pessoas e respectiva rescisão do contrato de trabalho; a aposentadoria e a empregabilidade, assuntos discutidos neste capítulo.

Absenteísmo

Considera-se absenteísmo a relação entre as horas produtivas possíveis no mês e a quantidade de horas em que o trabalhador fica ausente do seu posto de trabalho em decorrência de faltas, atrasos e saídas antecipadas. As faltas e os atrasos injustificados são a grande preocupação da área de Recursos Humanos, pois denotam a falta de interesse por parte do trabalhador na empresa que o está empregando.

O levantamento do absenteísmo tem como objetivo:

- Avaliar as horas perdidas de trabalho e os prejuízos em decorrência delas;
- Auxiliar num possível diagnóstico de problemas dentro da organização e busca de soluções. Por exemplo, se a causa do atraso for em decorrência do trânsito, em que os empregados pegam horários de pico, o turno pode ser alterado, fazendo com que o empregado entre e saia uma hora antes. O absenteísmo pode identificar insatisfação no trabalho, injustiças, oportunidades no mercado etc.

Para atingir os objetivos do levantamento do absenteísmo, as empresas fazem uso de um ou mais índices para verificar as suas ausências. Esse(s) índice(s) pode(m) ser mensal, trimestral, semestral ou anual, dependendo da prioridade estabelecida pela empresa e de sua cultura organizacional. Não existe uma fórmula padrão para calcular esse índice. A que tem sido adotada por algumas empresas é a seguinte:

$$\text{Índice de absenteísmo} = \frac{\text{Número de horas perdidas}}{\text{Número de horas planejadas}} \times 100$$

Algumas empresas trabalham também com índice de absenteísmo direcionados às ausências prolongadas, que incluem férias, licença-maternidade, afastamento por acidente de trabalho, doenças etc.

> *"O fluxo do trabalho é interrompido e decisões frequentemente importantes precisam ser postergadas. Nas organizações que dependem da linha de montagem na produção, o absenteísmo é mais que uma interrupção; ele pode resultar em uma drástica perda de qualidade e, em certos casos, até na completa paralisação da fábrica. Níveis de absenteísmo acima do normal, em qualquer caso, causam um impacto direto sobre a eficiência e a eficácia da organização." (ROBBINS, 2002, p.20)*

Segundo este autor, são poucas as situações em que o absenteísmo pode ser positivo. Em profissões em que o erro profissional pode ser um risco para a vida de pessoas, como o caso de cirurgiões, se o seu índice de tensão é elevado, é melhor que se ausente e evite riscos a outra pessoa e alto custo a ambas.

O absenteísmo também é um dos fatores que caracterizam a insatisfação das pessoas na empresa e provocam a falta de interesse ou falta de percepção quanto ao futuro pessoal e profissional.

Os motivos são os mais diversos para uma falta ou atraso:

- salário baixo;
- benefícios que não atendem às necessidades;
- relacionamento ruim com o superior ou com a equipe;
- falta de perspectiva profissional;
- procura de nova oferta de trabalho.

Alguns ramos de atividade sofrem mais com as ausências dos trabalhadores no seu posto de trabalho, como nos serviços de primeira necessidade, como na área da saúde, que trabalha diariamente com a vida humana. Cada ausência ocorrida nesse ambiente é um fator de risco para qualquer planejamento de trabalho eficiente, pois é necessário ter profissionais sempre de prontidão para ocupar as lacunas dos faltantes. Por isso tanto nesse setor quanto nos outros, é preciso um trabalho de aconselhamento e acompanhamento contínuo quanto à satisfação dos trabalhadores.

Outros tipos de ausência são:

- falta ou atraso por problemas de saúde;
- afastamentos justificados (acidente do trabalho, auxílio-doença, enfermidade, fisioterapias, maternidade, paternidade, falecimento etc.).

A ausência causa prejuízo para as empresas que, mesmo remunerando ou não o trabalhador, é um momento em que outras pessoas terão de suprir as necessidades pela ausência daquele posto de trabalho, pois a operação não pode diminuir a eficiência do processo como um todo.

A área de Recursos Humanos deve focalizar seus esforços na compreensão das causas dessas ausências e propor medidas objetivas para diminuir o nível de absenteísmo nas empresas, tratando o assunto como primordial para apoiar os gestores em suas decisões quanto a possíveis demissões.

Rotatividade de Pessoal

Outra grande preocupação da área de Recursos Humanos quanto ao seu planejamento estratégico está na relação entre as demissões e as respectivas substituições. Rotatividade é a constante entrada e saída de pessoas da organização, seja ela voluntária ou involuntária. Provoca um custo muito alto para as empresas, que perdem com o custo da demissão, o estresse gerado pela saída de um trabalhador, os investimentos aplicados e o novo custo de recrutamento, seleção, socialização organizacional e treinamento do novo integrante do posto de trabalho.

"A rotatividade refere-se ao fluxo de entradas e saídas de pessoas de uma organização, ou seja, as entradas de pessoas para compensar as saídas de pessoas da organização. A cada desligamento quase sempre corresponde a admissão de um substituto como reposição. Isto significa que o fluxo de saídas (desligamentos, demissões e aposentadorias) deve ser compensado por um fluxo equivalente de entradas (admissões) de pessoas." (CHIAVENATO, 2004, p.87)

A rotatividade é influenciada por variáveis internas (da empresa), tais como: os salários e benefícios oferecidos, os conflitos existentes (entre chefes e subordinados e entre colegas de trabalho), o estilo gerencial, as oportunidades de crescimento e outros relacionados com a estrutura e cultura da empresa. As variáveis externas também se fazem presentes por meio de oferta de trabalho, novas perspectivas de desenvolvimento profissional, proximidade com a residência, a conjuntura econômica, mercado favorável etc.

A rotatividade pode ser negativa ou positiva:

- É negativa quando a organização começa a perder bons funcionários. Segundo Robbins (2002, p.21), "um estudo realizado com 900 funcionários demissionários mostrou que 92% deles havia recebido uma avaliação de 'satisfatórios' ou mais por parte de seus superiores. Isso demonstra que as empresas perdem profissionais qualificados.
- É positiva quando o pessoal que deixa a organização tem fraco desempenho. É a oportunidade para a contratação de pessoas mais

qualificadas, motivadas e com novas ideias. As novas formas de relações com o trabalho apontam algumas vantagens em relação à rotatividade:

> *"No mundo empresarial de hoje, sempre em mudanças, certo nível de rotatividade voluntária de funcionário aumenta a flexibilidade organizacional e a independência deles, diminuindo assim a necessidade de demissões por parte da empresa."* (ROBBINS, 2002, p.21)

Independentemente de ser positiva ou negativa, a rotatividade apresenta sempre custos para a empresa, que gastará com o recrutamento, a seleção e o treinamento das pessoas que substituirão aquelas que saíram da empresa. Para a maioria das empresas, a rotatividade tem sido um problema sério.

Segundo Spector (2002), alguns pesquisadores apontam que a ausência e a rotatividade estão correlacionadas e que se apresentam como reações alternativas da insatisfação no trabalho. Ambas refletem tentativas de o funcionário escapar, temporária ou permanentemente, de situações consideradas desagradáveis. Um fator que vai interferir na satisfação do trabalho e na rotatividade é o desemprego. Quando a taxa de desemprego é baixa e as alternativas de trabalho são muitas, aumenta a rotatividade. Porém, quando a taxa de desemprego é alta e as oportunidades de trabalho são raras, existe uma pequena previsão de rotatividade. A ausência também diminui quando a taxa de desemprego é alta, o que demonstra que, mesmo insatisfeita com o trabalho, a pessoa só o deixará quando o mercado de trabalho for favorável. No Brasil, a maioria dos trabalhadores tem enorme aversão à incerteza.

Os pesquisadores alertam que a satisfação do trabalho é um fator de ausência somente quando existe uma cultura de aceitação e política de ausência liberal. Com relação às políticas organizacionais, observa-se que as organizações que controlam as ausências por meio de recompensas pela frequência ou punições pelas ausências são aquelas que apontam um menor número de ausências.

"A motivação para a assiduidade é afetada pelas práticas organizacionais (como recompensas à assiduidade e punições ao absenteísmo), pela cultura de ausência (quando as faltas ou atrasos são considerados aceitáveis ou inaceitáveis) e atitudes, valores e objetivos dos empregados. As organizações bem-sucedidas estão incentivando a presença e desestimulando as ausências no trabalho através de práticas gerenciais e culturas que privilegiam a participação, ao mesmo tempo que desenvolvem atitudes, valores e objetivos dos funcionários favoráveis à participação." (CHIAVENATO, 2004, p.86)

Decorrente da desmotivação do trabalhador, a rotatividade é um fator que também favorece a que o planejamento estratégico de Recursos Humanos seja prejudicado. Em muitos casos, é somente pelo processo de entrevista de desligamento[15] que as informações são obtidas, ficando a área de Recursos Humanos responsável por transmiti-las aos gestores, no intuito de melhorar continuamente as práticas administrativas no ambiente de trabalho.

Rescisão do Contrato de Trabalho

A demissão ou rescisão do contrato de trabalho caracteriza-se pelo rompimento do contrato de trabalho por iniciativa do empregador ou do empregado.

A demissão pode ser:

- **Voluntária:** solicitada pelo empregado. Geralmente está ligada à satisfação individual com o trabalho.
- **Dispensa:** é a demissão decidida pelo empregador e geralmente é motivada por fatores pessoais específicos como insubordinação, violação de regras, incapacidade, absenteísmo, incompatibilidade com o estilo gerencial ou com a cultura organizacional, entre outros.

15 Tem como objetivo levantar as causas do desligamento de pessoas da organização.

- **Coletiva:** ocorre pela necessidade da organização em reduzir o seu pessoal e não por comportamento individual.
- **Programa de Demissão Voluntária (PDV):** a empresa oferece um pacote atrativo ao funcionário para que ele peça a demissão. Ela não pode demiti-lo por algum impedimento por lei ou acordo sindical. Por exemplo: uma montadora fechou acordo de estabilidade por cinco anos para empregados admitidos a partir de uma certa data. Como precisava enxugar seu quadro de funcionários, ofereceu o PDV. É muito mais vantajoso para a empresa pagar um valor para o funcionário aparentemente elevado, pois se contar os meses que faltam para encerrar a estabilidade, a empresa gastaria muito mais. No PDV, a empresa acaba sendo sempre favorecida. Outra empresa que contava com empregados de muitos anos de casa, com salários elevados, ofereceu o plano porque a maioria estava na contagem da aposentadoria e ela não podia demitir.

As demissões são diferentes em função de quem toma a iniciativa: empregado ou empregador e, em geral, são dolorosas.

A forma como a empresa demite está vinculada à cultura organizacional e mostra como a empresa concebe o ser humano. É interpretada pelas demais organizações como uma sinalização do valor que a empresa possui.

Toda a demissão de pessoal deve ser gerenciada, pois dependendo de como se dá a demissão, há uma interferência nos funcionários que ficaram. Se estes observam a ausência de equidade, terão seus desempenhos comprometidos.

A demissão torna-se um alívio ao empregado quando há mudanças significativas na cultura da empresa e o empregado sente-se fora do novo contexto cultural. Foi selecionado e sentia-se confortável no passado, mas agora, com a brutal mudança, a desmotivação é inevitável se a empresa não preparou o processo ou se realmente deseja mudar o seu quadro de pessoal, adequando-o ao novo perfil cultural.

Hoje, grandes corporações têm feito entrevistas de saída para avaliar as variáveis internas e externas que influenciaram a demissão. As entrevistas são feitas após o efetivo desligamento do funcionário para evitar constrangimentos. As questões, geralmente, versam sobre o motivo da saída, a opinião do funcionário desligado sobre a empresa, sua chefia e seus colegas de trabalho, remuneração (total) dada pela empresa e a opinião do funcionário desligado sobre o mercado de trabalho.

Muitas empresas contratam serviços de *outplacement* (consultores especializados em acompanhar o desligamento de funcionários e buscam recolocar esses profissionais). Eles trabalham da melhor forma possível o processo de demissão. Seus clientes são as empresas.

Com relação às demissões voluntárias, um levantamento pode auxiliar na busca de recursos para minimizá-la, principalmente quando se trata da perda de profissionais bons e qualificados. Podem ser resolvidas por:

- aumento nos salários;
- esclarecimento de papéis e exigências do trabalho;
- tornar o trabalho mais gratificante;
- trabalhar a percepção do empregado com relação à empresa;
- treinamento de pessoas em cargo de chefia.

A demissão de pessoal é parte integrante do processo de pessoal, está atrelada ao recrutamento, à seleção e ao treinamento, tanto no sentido de que a escolha de pessoas compatíveis com a organização reduz a demissão de pessoal, como no sentido de que uma demissão ativa automaticamente o recrutamento e a seleção de pessoal na busca de seu substituto, que deverá ser treinado.

Aposentadoria

É o desligamento do empregado por sua iniciativa, por incentivo do empregador ou pela política da empresa que desliga pessoas em condições legais de se aposentar.

Empresas que valorizam sua mão de obra buscam acompanhar o processo de aposentadoria dos seus empregados, preparando-os para essa nova fase da vida ou incentivam a pessoa, mesmo legalmente em condições de se aposentar, a continuar trabalhando.

> *"As práticas de Recursos Humanos relativas à aposentadoria foram criadas numa época em que a taxa de natalidade era muito mais alta e a expectativa de vida muito mais baixa. Além disso, os novos recursos da medicina permitem que as pessoas mais idosas tenham uma qualidade de vida melhor do que no passado e possam continuar produzindo durante muito mais tempo, contribuindo com sua experiência, maturidade e conhecimento da empresa." (LACOMBRE, 2005, p.105)*

Empregabilidade

O emprego, para muitos, ainda é percebido como necessidade e segurança. Ao contrário, o cenário mundial tem transformado o emprego em algo descartável a todo momento em que necessitam modernizar suas práticas administrativas, suas máquinas e até os cargos nas empresas para atender às demandas do mercado.

Cada vez mais as pessoas estão sendo empurradas para a multifuncionalidade[16], requisito hoje indispensável para quem quer manter o seu emprego. Porém, da mesma forma que temos acesso a tantas informações, temos menos certezas quanto ao nosso futuro profissional.

[16] Exercer várias funções.

A empregabilidade é o tema que vem sobrepondo a questão do emprego, que está de certo modo desaparecendo do mercado, pois o vínculo empregatício está cada vez mais raro e estreito e a reciclagem de conhecimentos é uma exigência do nosso momento. As pessoas precisarão reconhecer a necessidade de continuar se reciclando sempre para manter seus conhecimentos atualizados e ao mesmo tempo conhecer novas práticas de trabalho.

> *"Empregabilidade é a capacidade de prestar serviços e de obter trabalho. Sob outro enfoque, refere-se à capacidade de dar emprego ao que sabe, à sua expertise." (MINARELLI, 1995, p.20)*

A área de Recursos Humanos está inserida nesse processo de aconselhamento de carreira das pessoas e são raros os profissionais que, mesmo empregados, mantêm seus conhecimentos em contínuo aperfeiçoamento; suas habilidades em perfeita sintonia com as necessidades da empresa e do mercado; e suas experiências usadas com base na criatividade e inovação. O incentivo dessas competências faz dos recursos humanos o elemento estratégico importante para a empresa que quer ser bem sucedida e atenta às potencialidades da força de trabalho.

Estudos de Caso

Expresso Pássaro Verde

No final do ano passado, a Pássaro Verde contava com um quadro de 300 funcionários. No início de fevereiro demitiu 90 funcionários e no início do mês de março admitiu 60. No último dia do mesmo mês demitiu 98 funcionários.

No mês seguinte, o Departamento de Pessoal obteve os seguintes registros:

- 50 pessoas faltaram durante o mês.
- Houve 45 atrasos na entrada do trabalho.
- 15 empregados pediram para sair mais cedo durante o mês.

a. Quais são os dados sobre o absenteísmo na empresa Pássaro Verde?

b. Quais são os dados sobre a rotatividade?

c. Qual a finalidade estratégica do relatório de absenteísmo?

Exercícios

1. Elabore todas as etapas do processo de treinamento para a pessoa que deverá ocupar o seu cargo.
2. O Banco Asa Branca tem cinco funcionários que vão se aposentar. Como a empresa pode prepará-los para a aposentadoria?
3. Na atualidade, o que uma pessoa deve fazer para continuar empregável?

Bibliografia

BOHLANDER, G.; SNELL, S.; SHERMAN, A. **Administração de recursos humanos**. São Paulo: Pioneira Thomson Learning, 2003.

CHIAVENATO, I. **Gestão de pessoas:** *o novo papel dos recursos humanos na organização*. 2. ed. Rio de Janeiro: Elsevier, 2004.

FIDELIS, G.J. **Rotinas trabalhistas e dinâmicas do departamento de pessoal**. São Paulo: Érica, 2006.

LACOMBRE, F. **Recursos humanos:** *princípios e tendências*. São Paulo: Saraiva, 2005.

MARRAS, J.P. **Administração de recursos humanos:** *do operacional ao estratégico*. São Paulo: Futura, 2002.

MILKOVICH, G.T.; BOUDREAU, J.W. **Administração de recursos humanos**. São Paulo: Atlas, 2000.

MINARELLI, J.A. **Empregabilidade:** *O caminho das pedras*. São Paulo: Gente, 1995.

ROBBINS, S.P. **Comportamento organizacional**. São Paulo: Prentice-Hall, 2002.

SPECTOR, P.E. **Psicologia nas organizações**. São Paulo: Saraiva, 2002.

TERRA, J.C.C. **Gestão do conhecimento:** *o grande desafio empresarial*. 2. ed. São Paulo: Negócio, 2001.

6

Apoio à Área de Recursos Humanos

Assuntos abordados neste capítulo:

- *Departamento de Pessoal*
- *Serviços Gerais*

Dois departamentos de grande importância para o Recursos Humanos são o Departamento de Pessoal e os Serviços Gerais.

Departamento de Pessoal

Responsável pela controladoria (coleta e processamento de informações) dos apontamentos e frequências da força de trabalho na empresa. Além disso, desempenha um papel de suma importância, o de atender às exigências da Legislação do Trabalho, de Segurança e Medicina do Trabalho.

Principais funções estratégicas do Departamento de Pessoal:

- **Registros e documentos:** ao finalizar o processo de recrutamento e seleção do candidato, coleta as informações preliminares sobre os documentos necessários para a admissão.
- **Responsável pela aplicação das Leis Trabalhistas e Previdenciárias de empregados com registro em carteira:** Consolidação das Leis Trabalhistas (CLT), Legislação Previdenciária, Normas Regulamentadoras de Higiene, Segurança e Medicina no Trabalho (NRs), Convenções e Acordos Coletivos.
- **Admissão:** recepção do candidato no primeiro dia de trabalho e protocolo de registros e documentos.
- **Socialização:** inicia o processo de conscientização do funcionário sobre aspectos importantes quanto a sua estada na empresa (normas e procedimentos internos e legais).
- **Processador de informações** para o pagamento dos reflexos trabalhistas aos funcionários (folha de pagamento, retiradas, 13º salário, férias etc.).
- **Processador de informações** para atender às exigências legais do Ministério do Trabalho.
- **Mantenedor da vida documental do funcionário** até a sua vigência legal.
- **Demissão de pessoal:** verifica pendências do empregado, providencia a rescisão contratual (créditos e débitos) e homologa a rescisão contratual no órgão competente.

É impressionante o número de empresas que não reconhece ou se esquece do Departamento de Pessoal como parceiro do negócio, orientando as pessoas, primeiro passo para esclarecer o papel que deverá desempenhar na empresa. O planejamento estratégico tem por objetivo, entre outras coisas, o estabelecimento das políticas organizacionais, disseminar cultura e focar o negócio entre os parceiros.

Qualquer modelo estratégico não resolverá os problemas se a força de trabalho não perceber desde o início que a empresa está do seu lado e muito atenta ao desenvolvimento de carreira. Como a recíproca deve ser entendida como verdadeira, os funcionários devem buscar esse desenvolvimento profissional, atender às demandas do objetivo organizacional e caminhar em busca da sua carreira de sucesso.

As empresas precisam reconhecer a importância do Departamento de Pessoal como "vendedor" das primeiras informações, que irão provocar essa percepção nos funcionários. Se os funcionários perceberem a sua importância no processo de construção organizacional, tornar-se-ão mais responsáveis e comprometidos com os clientes da empresa.

O Departamento de Pessoal é responsável pelo processamento dos índices de absenteísmo, rotatividade e demissão de pessoal, dados que apontam o clima organizacional.

Os profissionais de Recursos Humanos também precisam entender que o Departamento de Pessoal não deve ficar estático, e sim buscar novas formas de administração que valorizem as pessoas e deixem de manter ou perpetuar burocracias, pois dependem de um trabalho eficaz desde o início para que os objetivos organizacionais sejam alcançados pela força de trabalho.

Serviços Gerais

Não menos importantes que os processos estratégicos de Recursos Humanos, os Serviços Gerais compõem apêndices que apoiam a estratégia da empresa, como a Segurança Patrimonial, o Programa de Prevenção e Riscos Ambientais (PPRA, elaborado anualmente por profissional especializado contratado ou terceiro habilitado), o Refeitório ou Restaurante (alguns casos mantidos pela própria empresa ou por meio da contratação de concessionárias de alimentação), Manutenção e Conservação Patrimonial (manutenção geral das dependências da empresa, jardinagem etc.).

- **Segurança Patrimonial (porteiro, segurança e vigilância):** cuida do controle de entradas e saídas de pessoas, veículos, documentos e correspondências, assegurando a integridade patrimonial e zelando pela segurança da força de trabalho da empresa.

- **Programa de Prevenção e Riscos Ambientais (PPRA):** cuida do controle da prevenção de riscos nas dependências da empresa, através de planos de ação que contemplam mapeamento de riscos, laudo de riscos ambientais, laudo de instalações elétricas, laudo ergonômico, laudo de para-raios, treinamento de brigada de incêndio (conforme as características da empresa e o seu grau de risco) etc. O programa requer a atuação de profissional especializado em segurança do trabalho (técnico de segurança ou engenheiro de segurança, conforme as características da empresa e grau de risco).
- **Refeitório ou Restaurante:** a empresa deve prover um local apropriado para que as pessoas possam se alimentar, conforme legislação do trabalho. Algumas empresas contratam profissionais especializados em cozinha para elaborarem o cardápio e manusearem os alimentos, com infraestrutura custeada pela própria empresa. Outras contratam concessionárias de alimentação que administram um contrato de prestação de serviços em que se responsabilizam pelo processo completo de alimentação das pessoas que trabalham na empresa.
- **Manutenção e Conservação Patrimonial:** cuida do ativo patrimonial da empresa, executando serviços preventivos e periódicos de zeladoria, tais como pintura, serviços de eletricista, reparos, hidráulica, mecânica etc.

A atuação dos Serviços Gerais garante que não acontecem atos inseguros ou eventualidades negativas, como acidentes, depreciação descontrolada do patrimônio, reforçando a preocupação da empresa com a qualidade de vida da força de trabalho e preservando o seu próprio patrimônio.

A área de Recursos Humanos está cada vez mais atenta às generalidades da sua função de gestor de pessoas, fomentando o processo decisório de informações a respeito das implicações que os atos inseguros e a qualidade de vida intervêm no seu planejamento estratégico. Não basta apenas administrar os processos, é necessário preservar a integridade física, social e psicológica dos funcionários.

Softwares em Recursos Humanos

Não há dúvidas quanto à importância da utilização dos recursos oferecidos pela informática em todas as áreas do conhecimento. E os Recursos Humanos não poderiam ficar de lado.

A utilização da informática em todas as áreas agiliza processos e informações de maneira precisa.

Na área de Recursos Humanos encontramos *softwares* especializados em diversos setores: Recrutamento & Seleção, Legislação Trabalhista, Análise de Cargos e Salários, Treinamento e Desenvolvimento de Pessoas, Higiene e Segurança do Trabalho e Departamento de Pessoal. Existem também *softwares* que integram todos os setores de Recursos Humanos. Eles permitem o acompanhamento do empregado desde o seu primeiro contato com a empresa até o seu desligamento. Atualizam dados, indicam quando há necessidade de treinamento, mostram o desenvolvimento e o desempenho do empregado.

Alguns desses *softwares* são conectados à Internet e permitem o acesso das partes interessadas de qualquer lugar. Permitem também, por meio de licenças adquiridas pelas empresas, a atualização imediata de dados (por exemplo, alguma alteração na legislação).

As boas empresas fornecedoras de *softwares* fazem um levantamento na empresa para adequar os programas à realidade da organização, orientam quanto à utilização e atualização dos programas. Fornecem treinamento aos usuários.

Exercícios

1. Qual é a diferença entre um Departamento de Recursos Humanos e um Departamento de Pessoal?
2. Como um Departamento de Pessoal pode transformar-se num Departamento de Recursos Humanos?
3. Que tipo de procedimento você usaria para contratar funcionários para atuar na segurança e no refeitório da sua empresa? Justifique suas contratações.
4. Qual é a diferença entre os softwares especializados em diversos setores da área de Recursos Humanos e o sistema integrado de Recursos Humanos?

Bibliografia

BOHLANDER, G.; SNELL, S.; SHERMAN, A. **Administração de recursos humanos**. São Paulo: Pioneira, Thomson Learning, 2003.

FIDELIS, G.J. **Rotinas trabalhistas e dinâmicas do departamento de pessoal**. São Paulo: Érica, 2006.

MARRAS, J.P. **Administração de recursos humanos:** *do operacional ao estratégico*. 6. ed. São Paulo: Futura, 2002.

7

Gestão Estratégica de Recursos Humanos

Assunto abordado neste capítulo:

- *Relações com os Empregados*

Um legado deixado por Henry Fayol sobrevive até os dias de hoje em empresas que entenderam a necessidade de se tornarem cada vez mais competitivas: planejar, organizar, dirigir e controlar. Convencidos da eficácia administrativa desses ensinamentos, procuramos destacar a trajetória dessas palavras ao longo dos tempos, certos de que a longevidade empresarial está apoiada nelas.

Desde o início do século, as empresas perceberam que precisam analisar as situações; estudar com muita atenção as possibilidades e oportunidades, encontrar o melhor caminho que direcione ao alcance de seus objetivos e aplicar políticas empresariais que valorizem a sua força de trabalho.

A antiga burocracia torna os processos inviáveis na maioria das vezes. Contudo, o tempo tem mostrado, de maneira acanhada, mas continuamente empreendedora, que as empresas estão buscando novos métodos de trabalho que maximizem o tempo e otimizem os recursos disponíveis.

A mão forte do gestor deve ser encarada como veículo facilitador na estratégia de valorização das pessoas, que respeita as diversidades no ambiente de trabalho e caminha junto com elas, aconselhando o desenvolvimento da carreira e da empresa.

Empresa e força de trabalho formam a base da excelência organizacional. São os atores nesse palco globalizado no qual os interesses são compartilhados numa única mesa de negociação. Quando esses interesses convergem para um objetivo comum, as pessoas passam de empregados para parceiros do sucesso da empresa.

Na trajetória da administração de pessoas, os administradores estão utilizando ferramentas de avaliação contínua de suas estratégias, com vistas a atrair e reter os talentos na empresa. O relacionamento com as pessoas tem sido condição primordial para a manutenção da vantagem competitiva, haja vista que o absenteísmo e a rotatividade de pessoas ligados aos relacionamentos têm mostrado altos índices nas empresas, fato que vem trazendo preocupação entre os gestores.

Não basta apenas saber divulgar, atrair e captar candidatos, é necessário um trabalho que procure atender às necessidades e desejos profissionais dos indivíduos, incentivando o interesse deles para que percebam o valor da empresa como condutor de desenvolvimento, e que satisfaça ambas as partes numa relação de troca contínua de investimentos, qualidade indispensável para uma relação de ganho mútuo.

Segundo Ulrich (2000), a eficácia operacional e a estratégica são essenciais para o desempenho acima da média, que é na realidade a meta principal de qualquer empresa. Uma empresa pode sobressair em relação aos concorrentes se puder estabelecer uma diferença que possa preservar.

Relações com os Empregados

A área de Recursos Humanos não pode mais nortear o passado apenas com suas regras, normas e fatores de controle laborativo. O mundo corporativo precisa de novas práticas de administração de pessoas, com foco no planejamento estratégico da empresa e no desenvolvimento de carreira futura.

As mudanças que presenciamos no mundo corporativo requerem cada vez mais profissionais de Recursos Humanos identificados com a melhoria contínua de suas práticas e capazes de buscar soluções criativas para o desenvolvimento estratégico de sua área, sem se desvincular do negócio principal da empresa.

As pessoas que fazem parte deste contexto, os parceiros que investem seus recursos disponíveis, precisam ser atendidos em suas ansiedades e necessidades, e essa assistência deve ser imediata, compatível, pessoal e informativa. A área de Recursos Humanos deve se comportar como conselheiro das atitudes e comportamentos dos funcionários, fortalecendo os laços de amizade empresarial, pois as relações capital x trabalho devem focalizar o ganho mútuo, ou seja, tanto empresa quanto funcionários são responsáveis pelo sucesso organizacional e social.

Programas de Relações com os Empregados

Analisando a história da administração, percebemos uma transição entre o recurso humano passivo incentivado por estímulos de produtividade e financeiros e o recurso humano intelectual, ativo indispensável e incontestável do desempenho empresarial. Assim, as pessoas foram ganhando espaço nos estudos administrativos e não menos importante, foram conquistando respeito e admiração por seus esforços para alcançar os resultados, tidos como esperados.

As empresas buscam a todo momento pessoas motivadas em seus postos de trabalho, fato que consideramos de vital importância para a realização plena das atividades e responsabilidades profissionais.

As pessoas precisam de afirmação e procuram perceber se a empresa está ao seu lado, com atenção ao atendimento das aspirações de seus profissionais e oferecer variedade de tarefas que desenvolva e não subestime o amadurecimento desta parceria; fomentar a participação de seus profissionais na tomada de decisão participativa; incentivar o autogerenciamento, como estratégia que aumente a sensação de pertencer ao "real" empresarial.

As empresas da atualidade focam essa participação nas decisões, de maneira que os profissionais entendam a variedade de conflitos existentes no âmbito organizacional, passem a cultivar um ambiente fértil de trabalho e que a responsabilidade individual venha agregar pontos importantes na trajetória da Gestão de Pessoas. Somente com programas de assistência aos funcionários é que a empresa poderá entender que caminhos percorrer para desenvolver a sua força de trabalho.

Podemos citar como alguns programas de assistência aos empregados:

- **Socialização:** a área de Recursos Humanos tem papel fundamental nesse processo, pois é o momento em que o funcionário compreenderá com maior facilidade as expectativas da empresa com relação ao sucesso empresarial, que dependerá dele para alcançar e saberá por onde começar a trilhar o seu caminho em busca do desenvolvimento de carreira e realização profissional.
- **Comunicação aberta:** tanto a empresa quanto o funcionário devem proporcionar uma comunicação clara e objetiva de seus objetivos e resultados que esperam na trajetória profissional. Isso vale também para que haja um bom relacionamento entre gestores e força de trabalho, valorizando as sugestões de melhoria contínua.
- **Aconselhamento profissional:** o gestor não é apenas o "chefe", mas o conselheiro de carreira, que acompanha o crescimento profissional dos funcionários e que avalia e corrige possíveis desvios de atitudes e comportamentos no ambiente de trabalho.

- **Recursos Humanos:** atua avaliando e indicando melhorias quanto à higiene do trabalho (cuidando da saúde física e mental e com as condições de bem-estar), segurança (prevenção de riscos ambientais e eliminação das condições inseguras no trabalho), qualidade de vida (preocupação com o bem-estar geral e a saúde dos funcionários no desempenho de suas tarefas).

Não basta apenas seguir as regras do passado em que o controle e a aplicação de medidas disciplinares eram fundamentais para alcançar a qualidade e a produtividade. Muito diferente, a preocupação com o homem social é acima de tudo motivar as pessoas para desenvolver e aprimorar competências, aumentar a sua capacitação profissional e respeitar as diversidades no ambiente de trabalho.

Sabe-se, de alguma forma, que o que praticamos hoje é consequência das práticas de ontem e que as empresas precisam se preocupar, não em recrutar o candidato que esteja no perfil desejado, mas mantê-lo satisfeito no seu posto de trabalho, de maneira que perceba que a empresa é viável para que cresça profissionalmente e por muito tempo.

Qualidade e produtividade estão relacionadas com:

- Respeito e disciplina (com regras claras, propiciando a compreensão e evitando conflitos);
- Trabalho em equipe;
- Intercâmbio de informações;
- Compartilhamento das decisões;
- Estilo de gerência que respeite as diversidades[17] e administre o negócio;
- Relações com os empregados, com equidade e justiça;
- Qualidade de vida (respeito com as condições físicas, psicológicas e sociais das pessoas).

[17] Respeito pelas diferenças.

Administração de Conflitos

Tanto no âmbito social quanto no profissional, as pessoas ou grupos convivem em constante enfrentamento com conflitos que, em grande parte, são analisados e tratados de maneira competente até a sua completa solução. Alguns casos perduram por tempo maior, inclusive quando mal administrados, podem refletir para outros conflitos e assim se tornarem cíclicos.

Uma avaliação precoce das causas do conflito pode abreviar o tempo de exposição das pessoas em compreender o caráter do conflito e tornar a resolução eficaz. Como entendemos que os conflitos são inevitáveis, o gestor de pessoas deve prevê-los, conhecer as possíveis soluções, analisar as condições ambientais que os provocaram e partir ao encontro da sua solução de maneira profilática.

A administração de conflitos é uma virtude indispensável para o administrador de pessoas. O bom relacionamento com as pessoas é percebido por meio de ações concretas por parte do gestor que enfrenta os conflitos de maneira integrada com os envolvidos. Atitudes preventivas visam, através da comunicação aberta entre o gestor e os funcionários, reduzir as possibilidades de conflito e suas consequências negativas.

Algumas variáveis que podem auxiliar na administração do conflito:

- **Planejamento:** estudar todas as alternativas viáveis que podem gerar dúvidas entre os funcionários, e para isso, uma pesquisa de clima organizacional seria viável para conhecer o nível de satisfação da força de trabalho.
- **Comunicação:** a melhor maneira de obter respeito mútuo entre a força de trabalho e o gestor é manter um canal de comunicação claro e objetivo, proporcionando *feedback*, uma ferramenta rápida e eficiente para prevenir o possível conflito. Comunicação, além de técnica, implica na maneira como nos dirigimos às pessoas.

- **Flexibilidade:** a empresa deve praticar a filosofia ganha-ganha para o melhor acordo em que todos ganhem.
- **Argumentação:** conhecendo todos as variáveis que podem contribuir para o conflito, o gestor terá mais chances de que sua argumentação seja compreendida e aceita pela força de trabalho.

As empresas precisam rever quase todas as suas práticas administrativas e gerenciais, valores fundamentais, estrutura, métodos e processos para encontrar a fórmula que traga uma verdade absoluta: não basta conduzir as pessoas em busca dos objetivos organizacionais, sem perceber que essas mesmas pessoas possuem também objetivos em seu interior e, em muitos casos, renegados pelos gestores.

Gerenciamento de Mudanças

Navegar por tormentas significa sobreviver num mercado globalizado e repleto de incertezas. Cada dia, as empresas precisam inovar, seja de qual forma for. A administração é diariamente testada e forçada a surtir resultados positivos em seus planos de ação.

Essa transformação muitas vezes passa pela necessidade de romper com certos usos e costumes. Isso não é nada fácil, principalmente para empresas tradicionais, que preservam padrões culturais, valores e comportamentos que não atendem às exigências do mercado. É necessário tornar suas ações menos conservadoras, burocráticas e compartilhar o poder e a autoridade com as pessoas que fazem a diferença em termos de competitividade.

Implementar mudanças e novas práticas administrativas parece ser um grande desafio. Mais do que parecer, é saber que esse desafio é permanente para as empresas. O desafio relacionado na mudança das práticas e atitudes não é corriqueiro. É preciso planejar com muito cuidado todas as etapas iniciais e conhecer experiências de outras empresas que implementaram processos de mudanças.

O fato é que as experiências apontam para um esforço concentrado na conscientização da força de trabalho, comunicação aberta entre os gestores e a participação fundamental do topo da hierarquia, facilitando a percepção de credibilidade entre os funcionários.

Motivação no Trabalho

Tem-se observado a necessidade constante das pessoas na busca de ajuda para crescerem nas empresas e conseguirem o sucesso profissional, também de pessoas que conquistaram o seu lugar como grandes executivos e continuam motivados para se manter nesse patamar, o que sabemos ser muito mais difícil.

As pessoas passam pelo menos um terço do seu tempo investindo em suas competências, conhecimentos, habilidades, atitudes e comportamentos com o intuito de serem reconhecidas como parte integrante do sucesso organizacional. Com mais frequência ainda, percebe-se que as pessoas precisam se afirmar nos postos de trabalho e buscam através da sua jornada, colaborar e receber colaboração.

Deixamos de lado, em muitas ocasiões, aquilo que realmente importa para o nosso sucesso interior, como caráter, integridade, bom-senso, amizade, e consumimos fórmulas burocráticas organizacionais que servem mais para os problemas emergentes e menos para os problemas importantes, que são a base do sucesso particular.

A motivação, no sentido figurado, está associada aos cinco sentidos do ser humano:

- **Visão:** quando o funcionário enxerga o potencial da empresa, acredita que possa desempenhar o seu papel de maneira íntegra e participativa, motivando-se no seu posto de trabalho.

- **Audição:** quando ele compreende os motivos verdadeiros para alcançar o sucesso, motiva-se no seu posto de trabalho.

- **Tato:** quando o funcionário percebe que seu braço é parte importante do processo de sucesso.

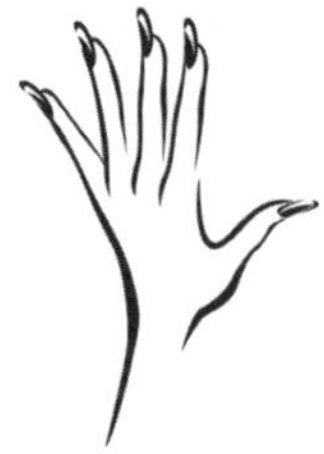

- **Paladar:** quando sente o gosto pelo trabalho de maneira que perceba que poderá se desenvolver na empresa.

- **Olfato:** quando ele sente o cheiro de honestidade, colaboração e boas atitudes dos gestores.

A motivação é um mecanismo que somente cada indivíduo pode acionar como uma revolução interior. Somos compostos por hábitos que desenvolvemos e a motivação é uma abordagem de dentro para fora, centrada em princípios e baseada nas atitudes e comportamentos, voltando-se para a eficácia pessoal, interpessoal e profissional.

Estudo de Caso

No decorrer dos anos, a empresa se consolidou e assumiu uma postura administrativa moderna, compartilhando com os funcionários suas expectativas e seus anseios de futuro. A participação dos funcionários agora é fator que garante o sucesso desse empreendimento. Além disso, os clientes foram alvo de pesquisa contínua de satisfação, instrumento importante para acompanhar a evolução da empresa.

O relacionamento é valorizado entre todos da equipe, principalmente das secretárias que se tornaram gerentes do negócio, administrando cada uma, dentro da sua área de atuação, os caminhos do negócio. Os médicos que idealizaram a sociedade passam a ver a Administração de Recursos Humanos como estratégica e vital, permanecendo atentos às mudanças e valorizando sobremaneira o treinamento contínuo dos seus funcionários e a atenção dispensada por eles aos clientes.

A partir desses ensinamentos sobre a área de Recursos Humanos e a Administração Estratégica de Negócio, apresente uma conclusão, abordando os pontos fortes e fracos da empresa que precisam ser melhorados.

Exercícios

1. Elabore um programa de relações com os empregados.
2. Que sugestões o grupo daria para melhorar as comunicações na empresa e reduzir os conflitos?
3. Explique como a área de Recursos Humanos está diretamente relacionada à motivação no trabalho.
4. Qual é a relação entre ética e estratégia de Recursos Humanos?

Bibliografia

BANOV, M.R. **Psicologia no gerenciamento de pessoas**. São Paulo: Atlas, 2008.

BOHLANDER, G.W. **Administração de recursos humanos**. São Paulo: Pioneira Thomson Learning, 2003.

CHIAVENATO, I. **Gestão de pessoas:** *o novo papel dos recursos humanos nas organizações*. Rio de Janeiro: Elsevier, 2004.

COVEY, S. **Os sete hábitos das pessoas altamente eficazes**. São Paulo: Best Seller, 2001.

FIDELIS, G.J. **Rotinas trabalhistas e dinâmicas do departamento de pessoal**. São Paulo: Érica, 2006.

KUAZAQUI, E.; KANAANE, R. **Marketing e desenvolvimento de competências**. São Paulo: Nobel, 2004.

LACOMBRE, F. **Recursos humanos:** *princípios e tendências*. São Paulo: Saraiva, 2005.

MARRAS, J.P. **Administração de recursos humanos:** *do operacional ao estratégico*. São Paulo: Futura, 2000.

MILKOVICH, G.T.; BOUDREAU, J.W. **Administração de recursos humanos**. São Paulo: Atlas, 2000.

ULRICH, D. **Recursos humanos estratégicos**. São Paulo: Futura, 2000.

Glossário

- **Absenteísmo:** refere-se às horas que o trabalhador fica ausente do seu posto de trabalho em decorrência de faltas, atrasos e saídas antecipadas.
- **Avaliação de desempenho:** é o processo que visa medir o quanto um empregado é capaz de produzir dentro de uma meta estabelecida.
- **Benefícios:** são programas oferecidos como complemento de salário, tais como: vale-refeição, seguro de vida, assistência médica, entre outros.
- **Cargo:** é definido como incumbência e responsabilidade exercida por um indivíduo numa empresa. O cargo é planejado dentro de critérios e limites e figura na estrutura de autoridade e poder.
- **Carreira:** é uma sucessão ou sequência de cargos ocupados ao longo da vida profissional de uma pessoa.
- **Clima organizacional:** refere-se às relações humanas dentro do trabalho, que contribuem para a satisfação ou insatisfação do trabalhador.
- **Contratação:** refere-se ao contrato de trabalho, é o acordo dos termos de trabalho estabelecidos entre a empresa e a pessoa que nela trabalhará.
- **Cooperativa:** modalidade de serviço que se dá por meio de uma constituição jurídica chamada cooperativa, que nasce com membros associados autônomos e permanece desta forma até o final.
- **Cultura organizacional:** conjunto de normas, regras, procedimentos, representações e valores, que orientam os funcionários de uma organização.
- **Currículo:** é um documento elaborado pelo candidato que contém informações importantes sobre a sua carreira.

- **Departamento de Pessoal:** responsável pela admissão e demissão de empregados, registros e documentos legais, aplicação e manutenção das leis trabalhistas e previdenciárias, folha de pagamento, normas disciplinares.

- **Desenvolvimento de pessoas:** visualiza as possíveis alterações e mudanças futuras e tem como objetivo manter as pessoas atualizadas. O desenvolvimento está voltado ao crescimento pessoal do empregado em direção à carreira futura e não ao cargo atual.

- **Empregabilidade:** refere-se à capacidade de a pessoa manter-se atualizada conforme exigências do mercado que possibilita concorrer com esse mercado.

- **Emprego formal:** aquele em que a pessoa tem registro em carteira e obedece com rigor à Consolidação das Leis do Trabalho (CLT), convenções e acordos coletivos estabelecidos pelos sindicatos.

- **Ergonomia:** é uma ciência composta de um conjunto de conhecimentos destinados a adaptar ao homem mobiliários, ferramentas, maquinários e utensílios que são usados no desenvolvimento do trabalho e tem por objetivo preservar a saúde e a segurança do trabalhador.

- **Estrutura mecanicista:** estrutura rígida e firmemente controlada.

- **Estrutura orgânica:** estrutura flexível, com pouca formalização e rede abrangente de informações. A comunicação é lateral, ascendente e descendente. A tomada de decisões envolve todos os colaboradores.

- **Fatores higiênicos:** são fatores externos que estão sob controle da empresa e do ambiente de trabalho. A presença desses fatores não traz satisfação, mas a sua ausência gera insatisfação.

- **Fatores motivacionais:** são internos, estão sob controle do indivíduo, pois estão relacionados com aquilo que ele faz, com a natureza de suas tarefas. Envolvem a realização, o reconhecimento, o crescimento profissional, a responsabilidade, o progresso e o trabalho em si.

- **Hierarquia:** estabelece quem é oficialmente responsável pelas ações de quem, define a subordinação e os subordinados.
- **Higiene do trabalho:** conjunto de normas e procedimentos que visa a proteção da saúde e segurança do trabalhador.
- **Incentivos salariais:** são programas para recompensar funcionários com bom desempenho.
- **Incidente crítico:** avaliação que aponta o desempenho superior e o inferior de um empregado.
- **Indicadores de desempenho:** índices reais que demonstram de maneira factual o desempenho de uma determinada tarefa.
- **Necessidades de autorrealização:** são as necessidades que as pessoas possuem de autoconhecimento e autodesenvolvimento.
- **Necessidades de segurança:** são necessidades que visam a busca de proteção contra a privação e a ameaça, seja ela real, seja imaginária.
- **Necessidades de *status*:** são as necessidades que as pessoas possuem de serem reconhecidas, valorizadas, consideradas, de terem aprovação social e prestígio.
- **Necessidades fisiológicas:** são necessidades ligadas à sobrevivência do indivíduo.
- **Necessidades sociais:** são as necessidades que as pessoas possuem de participação, associação, amizade, afeto e amor.
- **Organização de aprendizagem:** é aquela que cria condições e estimula para que os grupos de pessoas que trabalham juntas possam desenvolver suas capacidades e trazer os resultados desejados pela organização.
- **Organograma:** é o quadro representativo da posição formal de todos os cargos dentro da organização.

- **Perfil do cargo:** informações sobre o que a pessoa deve fazer e como ela deve ser.
- **Recompensas organizacionais:** são retornos dados aos funcionários em troca do trabalho prestado. Podem ser financeiras e não financeiras.
- **Recrutamento:** é o processo ou o meio mais eficiente para comunicar, divulgar ou tornar pública a vaga existente em uma empresa, objetivando captar os candidatos cujo perfil seja o mais adequado ao posto de trabalho.
- **Relações trabalhistas:** área responsável pelas negociações trabalhistas e sindicais, acordos e convenções coletivas de trabalho, paralisações e outros reflexos da relação capital x trabalho.
- **Remuneração total:** composição do salário, benefícios e incentivos dados aos empregados.
- **Rotatividade:** é a constante entrada e saída de pessoas da organização.
- **Salário:** é a quantia que o empregado recebe do empregador, em dinheiro ou equivalente, pelos serviços que prestou durante um determinado período.
- **Segurança do trabalho:** conjunto de medidas que tem por objetivo a prevenção de acidentes e a eliminação de causas de acidentes no trabalho.
- **Seleção:** processo de escolha entre os indivíduos que responderam ao recrutamento e aqueles que estejam mais próximos do perfil do cargo em aberto.
- **Serviços gerais:** área responsável pela segurança patrimonial, brigada de incêndio, administração do restaurante ou refeitório da empresa, ambulatório médico, posto bancário, cantina, jardinagem, limpeza etc.
- **Sindicato dos trabalhadores:** órgão que representa os interesses dos trabalhadores nas relações trabalhistas.

- **Sindicato patronal:** órgão que representa os interesses das empresas nas relações trabalhistas.

- **Sindicatos:** organizações formadas por trabalhadores ou empregadores, reconhecidas por lei, que têm por finalidade promover e proteger interesses.

- **Socialização organizacional:** processo que tem como objetivo adaptar, integrar e manter o funcionário nos padrões cultural da organização.

- **Tecnonímia:** corresponde à técnica de nominação, isto é, a forma como são dados os nomes aos cargos.

- **Teoria da Equidade:** aponta a importância da percepção do empregado no que se refere à justiça no trabalho.

- **Terceirização:** é uma estratégia empresarial que consiste em repassar atividades que não estejam ligadas diretamente ao produto, ou seja, atividades "meio", para empresas especializadas no assunto, que possam oferecer soluções com maior qualidade e produtividade com menor custo.

- **Trabalho autônomo:** é o típico trabalho por conta própria.

- **Trabalho temporário:** serviço com prazo determinado para iniciar e terminar.

- **Treinamento:** processo que visa suprir carências profissionais, preparar a pessoa para desempenhar tarefas específicas do cargo que ocupa.

Índice Remissivo

D

E

F

G

H

I

J

M

N

O

P

Q

R

S

Marcas Registradas

Metodologia para Preservação de Materiais - Prevenção da Falha Prematura

Autor: Vitório Donato
Código: 3356 • 216 páginas • Formato: 17,5 x 24,5 cm • ISBN: 978-85-365-0335-6 • EAN: 9788536503356

Com linguagem didática o livro apresenta as bases teóricas e práticas para a preservação de peças simples, complexas e dos materiais estocados, orientando o leitor para atuar na prevenção dos impactos da falha prematura nos ativos das empresas. O que há de mais atual para a preservação dos materiais é abordado, com exemplos do mundo real, mostrando como aplicar os produtos mais utilizados no mercado. Para completar, o livro descreve como implantar uma área de preservação e ter acesso a 51 padrões de procedimento, explicando passo a passo como preservar materiais de diversas famílias. Fornece um glossário de termos técnicos e exercícios.

Gestão de Produção

Autor: Renato Nogueirol Lobo
Código: 3004 • 208 páginas • Formato: 17 x 24 cm • ISBN: 978-85-365-0300-4 • EAN: 9788536503004

Este livro traz uma reflexão sobre a importância dos sistemas de gestão de produção, sendo indicado a estudantes e profissionais da área.
Destaca os princípios básicos do controle da qualidade total, controle de processos, tipos de planejamento, qualidade pessoal, os impactos da manutenção produtiva total (MPT), custos de manutenção, sistemas de controle e implementação.
Aborda manutenções corretiva, preventiva e preditiva, o planejamento de ações (5W2H), sistema de gestão, medição de desempenho, gestão de produtividade e vantagem competitiva, ferramentas e estudos de caso, reengenharia e padrões de desempenho.
Abrange produtividade industrial, controle da produtividade, análises e mudanças de um layout, controle de medidas e carga de máquinas.

Gestão da Qualidade

Autor: Renato Nogueirol Lobo
Código: 3172 • 192 páginas • Formato: 17 x 24 cm • ISBN: 978-85-365-0317-2 • EAN: 9788536503172

Preparar estudantes, profissionais, especialistas e futuros gerentes para atuarem em gestão de qualidade com condições de enfrentar os mais diversos problemas é o intuito deste livro.
Aborda conceitos básicos, certificação, históricos, sistema de garantia da qualidade, gestão otimizada, auditoria, ciclo PDCA, diagramas de Pareto, de causa e efeito e de dispersão, cartas de controle por variável, histograma e fluxograma. Introduz métodos de análise e solução de problemas, Housekeeping, Kanban, Just-in-Time, Kaisen, FMEA e PPAP. Explica princípios do layout, gerências de custo da qualidade e manuseio da produção, times e equipes, desempenho e liderança, além de sistemas de gestão integrada, MRP (Planejamento da Necessidade de Materiais) e MRP II (Planejamento dos Recursos da Manufatura).

Almoxarifado e Gestão de Estoques

Do recebimento, guarda e expedição à distribuição do estoque

Autor: Bruno Paoleschi
Código: 2540 • 176 páginas • Formato: 17 x 24 cm • ISBN: 978-85-365-0254-0 • EAN: 9788536502540

Voltado aos estudantes, profissionais da área e empresários em geral, seu conteúdo é didático e preocupa-se com a parte operacional. Possui várias planilhas para facilitar o aprendizado e a sua aplicação nas empresas, além de uma série de exercícios práticos. Abrange as etapas de planejamento industrial, PCP, produção, engenharia, marketing, gestão da qualidade, recursos humanos, finanças, vendas, manutenção, movimentação dos materiais, fluxos de produção e transportes, todos integrados em uma cadeia logística para atender bem ao cliente e visando a qualidade dos produtos.

Assistente Administrativo - Edição Revisada

Autor: José Antonio de Mattos Castiglioni
Código: 1243 • 248 páginas • Formato: 17,5 x 24,5 cm • ISBN: 978-85-365-0124-6 • EAN: 9788536501246

Idealizada para orientar alunos de instituições que mantêm cursos técnicos, além de interessados em ampliar seus horizontes, esta obra oferece, de forma clara e objetiva, o instrumental necessário.
Abrange os principais assuntos que norteiam a área administrativa, tais como organização de empresas, contabilidade geral e custos, recursos humanos e departamento de pessoal, administração financeira e tributária, rotinas e organização de escritório, noções de matemática, administração do tempo, fundamentos de logística e telemarketing.
A sexta edição foi revisada e traz alterações no plano de contas de acordo com a Lei nº 11.638, novo enfoque na apuração dos custos de estoques, tornando mais fácil e prática a compreensão, bem como inclusão do empreendedor individual na forma jurídica e nos recolhimentos, modificações na apuração e recolhimento do IPI.

Logística Industrial Integrada

Do Planejamento, Produção, Custo e Qualidade à Satisfação do Cliente

Autor: Bruno Paoleschi
Código: 1970 • 264 páginas • Formato: 17,5 x 24,5 cm • ISBN: 978-85-365-0197-0 • EAN: 9788536501970

A logística industrial integrada influencia todas as áreas da empresa que fornecem suporte à produção, agrega valor de forma direta ou indireta aos produtos finais e assim atende satisfatoriamente ao cliente.
Este livro abrange as etapas de planejamento industrial, PCP, produção, engenharia, marketing, gestão da qualidade, recursos humanos, finanças, vendas, manutenção, movimentação dos materiais, fluxos de produção e transportes, todos integrados em uma cadeia logística para atender ao cliente, visando a qualidade dos produtos, a satisfação, bem como agregar valor aos negócios.
Voltado aos estudantes, profissionais da área e empresários em geral, seu conteúdo é didático, traz várias planilhas para facilitar o aprendizado e a sua aplicação nas empresas, além de uma série de exercícios práticos.

Logística Operacional - Guia Prático

Autor: José Antonio de Mattos Castiglioni
Código: 1819 • 224 páginas • Formato: 17 x 24 cm • ISBN: 978-85-365-0181-9 • EAN: 9788536501819

Esta obra descreve os principais temas relacionados com a logística e foi idealizada para orientar alunos de instituições de ensino que mantêm cursos técnicos e/ou de educação continuada, além de interessados em adquirir ou ampliar conhecimentos ligados à área.
Sob o ponto de vista prático, evidencia os conceitos e movimentos mais atuais da logística de maneira suave e sem complicações, como gestão, armazenagem e ferramentas da administração de estoques, PPCP, administração de compras, custos logísticos, distribuição e embalagens.
Transportes, Just In Time e Supply Chain Management também são explanados de maneira simples e detalhada.

CIPA - Guia Prático de Segurança do Trabalho

Autor: Bruno Paoleschi
Código: 2588 • 128 páginas • Formato: 17 x 24 cm • ISBN: 978-85-365-0258-8 • EAN: 9788536502588

Dirigido aos estudantes, profissionais da área, trabalhadores e empresários, o conteúdo deste livro é didático e facilita o aprendizado das normas e a aplicação da CIPA na prevenção das doenças profissionais e dos acidentes de trabalho.
Trata das normas regulamentadoras (NR-5), seus objetivos, organização e disposições, atribuições gerais da NR-17 (ergonomia), importância dos "cipeiros" na fiscalização não como fiscal, mas como um orientador para prevenção de atos inseguros. Ensina como criar o mapa de riscos, identificar uma área insalubre ou perigosa, os riscos, a necessidade e a importância dos EPIs e EPCs e uma introdução ao Serviço Especializado em Engenharia de Segurança e em Medicina do Trabalho (SESMT).
Abrange as doenças de trabalho, consequências, tratamento, classificação dos acidentes e dos equipamentos.
Mostra como ministrar os primeiros socorros aos acidentados, isolar a área do acidente e fazer análise crítica, formas de emissão de uma CAT e procedimento para o treinamento dos componentes do quadro da CIPA.

NR-10 - Guia Prático de Análise e Aplicação

Autores: Benjamim Ferreira de Barros, Elaine Cristina de Almeida Guimarães, Reinaldo Borelli, Ricardo Luis Gedra, Sonia Regina Pinheiro
Código: 2748 • 208 páginas • Formato: 17 x 24 cm • ISBN: 978-85-365-0274-8 • EAN: 9788536502748

A prevenção dos acidentes de trabalho é o objetivo da Norma Regulamentadora 10 (NR-10), garantindo a segurança e a saúde dos trabalhadores que atuem direta ou indiretamente em instalações elétricas e serviços com eletricidade.
As determinações da NR-10 são expostas neste livro de maneira clara e didática, cujos assuntos são organizados em sequência lógica para facilitar o estudo, considerando a forma de planejamento e execução de qualquer serviço em instalação elétrica.
Destaca temas fundamentais como choque e arco elétricos, análise de riscos, procedimentos de trabalho, equipamentos de proteção, documentação necessária, processo de energização e desenergização, técnicas de combate a incêndio, primeiros socorros e riscos elétricos.

Gestão de Recursos Humanos - Tradicional e Estratégica

Autores: Gilson José Fidelis e Márcia Regina Banov
Código: 1006 • 192 páginas • Formato: 17 x 24 cm • ISBN: 978-85-365-0100-0 • EAN: 9788536501000

Destinada aos diversos profissionais liberais, empresários, consultores, estudantes de áreas acadêmicas e demais interessados.
A publicação oferece um panorama da gestão de Recursos Humanos, aborda a administração tradicional, suas características pragmáticas e a evolução da área de Recursos Humanos ao longo da história. Trata da administração estratégica com enfoque à melhoria do trabalho e busca de resultados, com práticas modernas de orientação das pessoas e das empresas, o ambiente organizacional como facilitador do planejamento de Recursos Humanos e o incentivo, a criatividade das pessoas e o desenvolvimento de suas potencialidades.